上坂むねかず
李婭炫（イ ジョンヒョン）

＊添付ＣＤの使い方について

　　添付の CD は、テキストを見ながらでも、CD だけを聴いても学習ができるように制作しています。そのため、テキストとは説明の仕方が異なる場合があります。また、CD 容量の関係で、文法解説と単語については特に重要なものだけを抜粋してあります。（収録してある部分は CD の印をしています。また、新出単語の説明の部分については、見出しを青色にしています）

＊発音のカナ表記について

　　本書では、ハングル（韓国語の文字）にカタカナで発音を付記しています。正確な発音とは微妙に異なることがあります。また、同じ単語でも様々な会話の中では、単語の位置や前後の単語によって発音が異なることもあります。単語の使われ方によって、会話文として最も近いカナ表記を使用していることと、一方で、わかりやすさを優先させている所がありますので、ご了承をお願い致します。

はじめに

　近年、韓国の文化・芸術の日本に与える影響はめざましいものがあります。テレビでは、ほとんどのテレビ局で韓流ドラマを放送していますし、音楽ではＫポップというジャンルが定着しています。韓国へ旅行される方も多くなっています。著者である私自身も、韓流ドラマとＫポップがきっかけで、五十歳を超えてから韓国語を学び始めました。ところが、記号のような韓国語の文字に、すぐ挫折。根っからの三日坊主の性格と、年齢による記憶力の低下で、学習は停滞状態でした。

　そんな時、韓国生まれで日本の大学で児童文学の研究をしていた李さんから、「韓国語の文字は発声する口の形に基づいていて合理的です。それに、日本語との共通点も多いので、共通している部分から学んではいかがですか」とアドバイスを受けました。実例を挙げると、알레르기가　나았다. という韓国語の意味は「アレルギーが治った」(アルレルギガ　ナアッタ)です。そのままですね。また私の故郷の方言では「僧侶が来られた」を「僧侶がわさった」と言います。これを韓国語にすると、슨려가 오셨다. (スンニョガ　オショッタ)です。大変似ています。それからは、単語でも文法でも、韓国語と日本語の似ている所を見つけて、見つからなければこじつけてでも学習をすることにしました。すると、韓国語がまるで方言のように身近に感じることができました。勿論、韓国語会話も上達しました。

　その学習法をまとめたのが本書です。大学などで本格的に韓国語を学ぶ方も、韓国ドラマを見るのが好きという方も、忙しくて時間が無い方も、老若男女、誰でも無理なく韓国語が話せるようになるためのテキストです。この本で韓国語を身近なものにして、韓流ドラマやＫポップを、もっと楽しんでいただきたいと願っています。

　楽しく、学びをはじめましょう。

上坂　むねかず

李　　姃炫（イ　ジョンヒョン）

目次

はじめに　………3
似ている韓国語と日本語　………6
学習の進め方　………8

韓国語の文字ハングルを覚えましょう……………………9
ハングルを覚える1　ハングルの母音　……………………10
ハングルを覚える2　母音と子音の構成　……………………15
ハングルを覚える3　ハングルの子音 その1　……………………17
ハングルを覚える4　ハングルの子音 その2　……………………23
ハングルを覚える5　ハングルの子音 その3　……………………26
ハングルを覚える6　発音の変化　……………………34

韓国語の文章に触れてみましょう……………………43
第 1 章　空港で　名詞+이에요/예요　〜です　の表現 …… 44
第 2 章　フロントで　名詞+(은/는) 어디 있어요？
　　　　〜は、どこにありますか　……………………55
第 3 章　903号室で　動詞の語幹+(아요/어요)
　　　　〜です、〜ます　の表現　……………………66
第 4 章　携帯電話で　否定の表現
　　　　(안〜/지 않아요)　……………………80
第 5 章　何をしているの　過去形と進行形
　　　　(〜았어요/었어요、〜고 있어요)　……………………91

第 6 章	自己紹介　自己紹介の文例	
	（第5章までの復習）	100
第 7 章	今日の予定　未来の表現（〜기로 해요／했어요	
	〜（ㄹ／을）예정이에요）	109
第 8 章	韓国料理店でⅠ　必要の表現	
	（〜（아／어）야 해요）	121
第 9 章	韓国料理店でⅡ　可能、不可能の表現	
	（〜（ㄹ／을）수 있어요）他	128
第10章	韓国料理店でⅢ　経験の表現	
	（〜（ㄴ／은）적이 있어요）	138
第11章	空港へ　敬語の表現	
	（〜（으）세요）	148
第12章	まとめ　助詞と文末表現のまとめ	159

韓国語会話力　STEP UP　　　　　　　　　　　171

すぐ覚えられる最重要単語　　　　　　　　　　　172
日本語でひく重要単語１６００語　　　　　　　　192
漢字語数詞と固有語数詞　　　　　　　　　　　　214
ハングル子音早覚え表　　　　　　　　　　　　　216
ハングル早見表　　　　　　　　　　　　　　　　218
韓国語昔話「トッケビの如意棒」　　　　　　　　220

似ている韓国語と日本語

1. **単語が似ている** ― 韓国も日本も、もとは漢字を使用していました。だから、漢字由来の似ている単語がたくさんあります。

2. **語順が同じ** ― 韓国語にも日本語の「てにをは」にあたる助詞があります。最後に述語があるのも日本語と同じです。

3. **形容動詞の語尾が同じ** ― 形容動詞の終止形は〜だ（다）。例えば、「簡単だ」は韓国語では간단하다（カンダナダ）です。

4. **活用するのは用言だけ** ― 外国語では、動詞、形容詞以外に名詞が変化する場合があります。しかし、韓国語は日本語と同じで、動詞と形容詞だけが活用します。日本語で「歩く」が「歩かーない」「歩きーます」「歩けーば」…と形が変わりますが、韓国語も同じような活用があります。

5. **文末が大事** ― 日本語が例えば「朝食を食べる」という文を「朝食を食べた」「朝食を食べられない」「朝食を食べましたか」「朝食を食べたい」というように、用言の活用と助動詞の使い分けで、時制や可能・不可能、推量、受動などの文法的意味を変化させますが、韓国語も文末の変化で、これらの文法的意味を表します。

●―ハングルとは韓国語で使われている文字です

韓国では、かつて中国から伝わった漢字だけを使って文章を書

き記していました。これは、日本も同様ですね。けれど、漢字ではそぐわない発音や表記の問題がありました。それで、朝鮮王朝第四代国王の世宗が学者を集め、朝鮮民族の文字として作らせて1443年に完成させたのがハングルです。作り出す過程で、文字の形は基本的に発音する時の口の形を模しました。ハングルの各文字が、口のどのような形をまねて作られたのか考えながら学習することで、覚えやすくなると思います。

　日本語のかな文字と異なるのは、日本語が1文字1音節を基本としているのに対し、ハングルは子音と母音の組み合わせで1音節を表し、ローマ字表記に似ています。けれど、その組み合わされた文字は、1音節を基本としていますので、やはり日本語に似ているのです。次ページから、ハングルの母音・子音を学習するのですが、少し先走って、日本語のかな文字と微妙に似ている文字を紹介しましょう。

韓国語	日本語	似ている点	韓国語	日本語	似ている点
우	う		스	ス	横棒を上にずらすと
가	か	縦棒を左にずらすと	흐	ふ	岐阜の阜にも似ている
ユ	ク		리	り	
고	こ		로	ろ	

　日本語と韓国語は、漢字を親に持つ兄弟の言語と言えるでしょう。それも、同じ漢字文化圏の中国語と比べると、語順、用言の活用、助詞の存在が共通の双子の言語のようなものだと思います。韓国語と日本語は似ているのです。苦手意識を持つ必要はありません。

学習の進め方

　本書の構成を下記に示します。様々な韓国語テキストがありますが、まず、韓国語の文字（ハングル）を学習するのは共通です。

●―学習の順序

① 文字（ハングル）を覚える
② 色々な文型をおぼえる
③ 単語をおぼえる
④ 文型を使ってみる

　上記のうち、②～④は12のレッスンに分けて、徐々に覚えていきます。まず、短い文章または対話文をあげていますが、カタカナ表記による発音の目安と、対訳をつけています。文法的な解説と、文を構成する単語を覚えるヒント、練習問題で構成しています。レッスン冒頭にあげた文章を、対訳のみで諳んじることができたら、次のレッスンに進みましょう。ご自分のペースで学習を進めてください。学習に行き詰ったり、飽きたりしたら、コラムのページをご用意していますので、息抜きをしながら、楽しく学習をしていただければ幸いです。

　多くの語学テキストでは、文法の解説はしても、文法と単語を覚えるのは読者の責任と位置付けているようです。でも、このテキストは違います。読者の皆さんが、単語や基本文型を覚えやすいようにできる限り覚えるヒントを掲載しています。

　そして、最も大事なことは、覚えたての韓国語を使ってみることです。韓国語の友だちがいれば最高ですが、韓国料理店、物産店、韓国旅行などで、話してみましょう。最初はカタコトで結構。コミュニケーションをとるのに、文法や正確な発音は必ずしも必要ではありません。

韓国語の文字
ハングルを
覚えましょう

ハングルを覚える…1

ハングルの母音には、基本の10個の母音があります

　さらに、基本母音を組み合わせた形の 11 個の複合母音があり、全部で 21 個の母音です。私たちの日本語の母音といえば、あいうえおの 5 音。韓国語にはその 4 倍以上の母音がある。これは大変だと思いがちですが、や、ゆ、よ、わを別の母音で表したり、日本語ではいぇ、うぇ、うぉ等と拗音をつけて 2 文字で綴る音も 1 文字の母音で表します。ですから、日本語と対応していない注意しなければならない母音は案外少ないのです。

　次の表は、日本語の五十音にそって、ハングルの母音を整理したものです。ハングルでは、無音の子音「ㅇ」をつけて、아、어のように母音を表記します。

＊印が基本母音と呼ばれているもの。無印は、複合母音です。

日本語のア	아 ＊ 日本語の「ア」とほぼ同じ	————
日本語のイ	이 ＊ 日本語の「イ」とほぼ同じ	————

ハングルを覚える…1

日本語のウ	우 * 日本語の「ウ」とほぼ同じですが、くちびるを突き出すように丸めて発音します	으 * 「イ」のように口を横に引いて「ウ」と発音します。
日本語のエ	에 日本語の「エ」とほぼ同じ	애 日本語の「エ」より口を大きく開いて発音します
日本語のオ	오 * 日本語の「オ」とほぼ同じ	어 * 「ア」のように口を大きく開き「オ」と発音します。
日本語のヤ	야 * 日本語の「ヤ」とほぼ同じ	――
日本語のユ	유 * 日本語の「ユ」とほぼ同じ	――
日本語のヨ	요 * 日本語の「ヨ」とほぼ同じですが、くちびるを突き出すように丸めて発音します	여 * 「ヤ」のように口を大きく開き「ヨ」と発音します。
日本語のワ	와 日本語の「ワ」とほぼ同じ	――

以下は日本語では2文字で表記する母音

日本語の**イェ**	예 日本語の「イェ」とほぼ同じ	애 「イェ」の「ェ」を口を大きく開いて「イェ」
日本語の**ウィ**	위 口をやや突き出して「ウィ」	의 （語中では「イ」）口を横に引いたまま「ウィ」
日本語の**ウェ** ※この3つの母音の発音上の区別は、最近なくなりつつあります。	웨 日本語の「ウェ」とほぼ同じ	————
	왜 「ェ」で口をしっかり開いて「ウェ」	외 口をやや突き出して「ウェ」
日本語の**ウォ**	워 （語中では「オ」に近い）日本語の「ウォ」とほぼ同じ	————

　辞書や本書巻末の単語表を引くときには、母音の順番を覚えていると便利です。「ㅏㅐㅑㅒ・ㅓㅔㅕㅖ・ㅗㅘㅙㅚㅛ・ㅜㅝㅞㅟㅠ・ㅡㅢㅣ」の順ですが、ㅏ（ア）ㅐ（エ）グループ→ㅓ（オ）ㅔ（エ）グループ→ㅗ（オ）グループ→ㅜ（ウ）グループ→ㅡ（ウ）ㅣ（イ）グループという順を覚えれば難しくはないと思います。各グループには、代表の母音に加え、ㅑ・ㅖ等の日本語のヤ行にあたる母音と複合母音が含まれます。また、この語順から、カタカナでは同じ「エ」でも、ㅐはアに近いエ、ㅔはオに近いエの音だということがわかります。

　「의」の発音には注意が必要です。의사（医者）のように語頭では「ウィ」と発音しますが、それ以外では「イ」と発音します。

また、「〜の」という助詞の時は「エ」と発音します。

例：저희의 의견（私どもの意見）
　　チョ イ エ　ウィギョン

＊最近では「웨」「왜」「외」の発音の区別はだんだんなくなってきています。

●─注意すべき母音

韓国語の母音の中には、日本人には馴染みのない発音があります。注意すべき母音について、もう一度学習しましょう。

은행（銀行）の은…（우と発音してしまうと、운행（運行））
　ウ ネン　　　　　　　ウ　　　　　　　　　　　　ウ ネン
애인（恋人）の애
　エ イン　　　　　　エ
어디（どこ、どこか）の어
　オ ディ　　　　　　　　　オ
여기（ここ）の여…（요と発音してしまうと、요기（妖気））
　ヨ ギ　　　　　ヨ　　　　ヨ　　　　　　　　　　　ヨ ギ

日本語の「ウェ」にあたる複合母音が3つもあって、混乱しますが、上記のようにㅐとㅔの発音の差があります。※ちなみに、「웨」の音は웨딩（ウェディング）や、웨이스트（ウェスト）、웨이트리스（ウェイトレス）など外来語に充てられることが多く、「왜」は、なぜ・どうしてという感嘆詞として使います。また、「외」は외국（外国）や외축되다（畏縮する）など漢字からの音の傾向があります。
　　　　　ウェグク　　　　　　ウェチュク デ ダ

●―母音の覚え方

　これら 21 個の母音には、ある規則性があります。ㅏやㅓの短い方の画を二重にすることで、ヤ行の母音になります。複合母音は、例外はありますが、ㅏ・ㅓ・ㅗ・ㅜ・ㅡ・ㅣの基本母音を組み合わせて、それぞれの基本母音を続けて発音します。

　そして、基本となるㅏ・ㅓ・ㅗ・ㅜ・ㅡ・ㅣの各発音は、発音する時の口の形をもとにしています。下の模式図を見て、イメージしてみましょう。

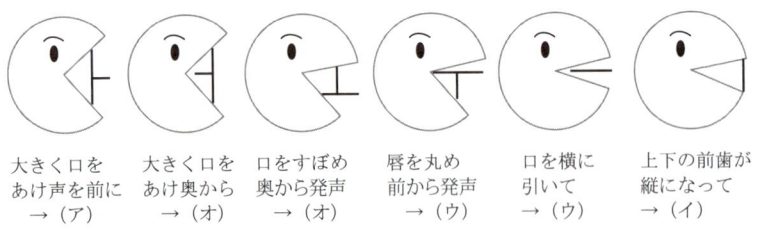

| 大きく口を
あけ声を前に
→（ア） | 大きく口を
あけ奥から
→（オ） | 口をすぼめ
奥から発声
→（オ） | 唇を丸め
前から発声
→（ウ） | 口を横に
引いて
→（ウ） | 上下の前歯が
縦になって
→（イ） |

　母音の文字の形から、音が想像できると思います。

ハングルを覚える…2

母音と子音の構成

　ハングルはローマ字のように子音と母音を組み合わせて表記し、それが1音節になります。しかし、子音と母音の組み合わせ方は、左右だけでなく上下、あるいは鍵型と、母音によって子音との位置関係が決まっています。ハングルでは、19個の子音を母音と組み合わせて文字を作りますが、偏や旁、脚を組み合わせて作られる漢字と何だか似ている気がします。
　ハングルの子音母音の組み合わせの基本は次の3つです。

| 子音 | 母音 |

＊母音がㅏ・ㅐ・ㅑ・ㅒ・ㅓ・ㅔ・ㅕ・ㅖ・ㅣの場合です。
　　例）아이（子供）、아니요（いいえ）

| 子音 |
| 母音 |

＊母音が、ㅘ・ㅙ・ㅚ・ㅝ・ㅞ・ㅟ・ㅢの場合です。
　　例）위（上、胃）、왜（なぜ）

| 子音 |
| 母音 |

＊母音が、ㅗ・ㅛ・ㅜ・ㅠ・ㅡの場合です。
　　例）우유（牛乳）、오（五）

15

子音と母音の組み合わせはこれらの3種類ですが、ハングルでは、「子音と母音」の組み合わせに、さらに子音が下につくことがあります。この下に付いた子音をパッチム（終声）といいます。パッチムとは、「土台」「下地」の意味です。

　パッチムについては、子音を勉強した後で、改めて学習したいと思います（p.28「パッチム」について）。

むりおと李先生の覚えるヒント

…いくつかの単語が出てきましたが、覚えられましたか？特に아니(～ない)には、まだ学習していない子音「ㄴ」が含まれていますね。

…辞書に漢字表記が載っている우유(牛乳)と오(五)は問題ないです。아이(子供)は辞書には漢字表記が載っていませんが、愛胤という漢字をあてたいと思います。胤は、血筋や種という意味です。아니は否定の「否」という漢字をあてれば意味を覚えられます。

…こじつけですね。でも、それで覚えられるのなら御の字です。

…위(上、胃)は発音どおりの意味、왜(なぜ)は英語のwhyから連想すればいい。

…なるほどそうですね。連想をして時間をかけても、頭の中から日本語訳が出てくればいいですね。繰り返し、韓国語を読んで話すことによって、連想の時間は短縮されすぐに訳が出てくるようになると思います。

> ハングルを覚える…3

ハングルの子音 その1

　韓国語には、19個の子音があります。日本語と比べて多いでしょうか。日本語の場合、あ段の音は、ア、カ、サ、タ、ナ、ハ、マ、ヤ、ラ、ワ…だから10個しかないのにと思いがちですが、濁音・拗音を入れるとガ、ザ、ダ、バ、パ、キャ、ギャ、シャ、ジャ、チャ、ヂャ、ニャ、ヒャ、ビャ、ピャ、ミャ、イャ、リャ、ウァと合計で29個もあります。韓国語の場合は、「ヤ」や「ワ」「イャ」「ウァ」が母音として整理されていますから、子音は19個で間に合っていると言っていいかもしれません。

　それでは、ハングルの子音を見ていきましょう。19個を一気に覚えるのではなく、3回に分けて覚えます。日本語の五十音順ではなく、辞書の順番に紹介していきます。(辞書に載っている子音の順番は、子音をすべて学習してから、改めて確認します)。母音「ㅏ」と組み合わせて表記しています。

17

가 (カ/ガ) *平音	日本語のカ行とほぼ同じですが、語中では濁音化しガ行になります。	例) 가게 (カゲ)(店) 가다 (カダ)(行く)
까 (ッカ) (濃音)	平音の「ㄱ」を詰まらせた音です。「まっか」と言うときの「っか」です。	例) 까다 (ッカダ)(皮をむく) 까지 (ッカジ)(〜まで、限度)
나 (ナ)	日本語のナ行とほぼ同じです。	例) 나다 (ナダ)(出る、生じる) 누구 (ヌグ)(誰)
다 (タ/ダ)	日本語のタ行とほぼ同じですが、語中では濁音化しダ行になります。	例) 다시 (タシ)(もう一度、再び) 도착하다 (トチャカダ)(着く)
따 (ッタ) (濃音)	平音の「ㄷ」を詰まらせた音です。「かった」と言うときの「った」です。	例) 따다 (ッタダ)(摘む、もぐ) 따라가다 (ッタラカダ)(従う)
라 (ラ)	日本語のラ行とほぼ同じです。	例) 레코드 (レコドゥ)(レコード) 라면 (ラミョン)(ラーメン)
마 (マ)	日本語のマ行とほぼ同じです。	例) 먹다 (モクタ)(食べる) 마시다 (マシダ)(飲む)

　ハングルの子音も発音する時の口の形を模しています。文字と発音がスムーズに結びつくのではないでしょうか。

＊ㄲ、ㄸ等の濃音が語頭にある場合の発音のカナ表記「ッ」は、日本語の発音にはありませんが、発音の仕方のイメージとして表記しています。文章の中での発音カナ表記では「ッ」を省いている場合があります。

＊多くの子音が語中では濁音になりますが、直前の文字にㄱㄷㅂㅅ等のパッチムがある場合は濁音化しないというルールがあります。(ハングルを覚える…6 発音の変化ルール2 濃音化参照)

ハングルを覚える…3

●―平音、濃音、激音について

　日本語のルビでは同じカナでも、ハングルでは平音、濃音、激音と発音を区別します。日本語の「カ」の音・ローマ字表記のkにあたる子音で、確認をしてみましょう。

　平音＝日本語の「カ」行の発音とほぼ同じです。（例）가다（カダ）（行く）
　濃音＝息の無い詰まった感じの子音です。
（例）까다（ッカダ）（皮をむく、孵化する）
　激音＝強く息をはきながら発音します。（例）카메라（カメラ）（カメラ）

むりお と李先生 の覚えるヒント

…新しい単語が13個出てきました。でも、すぐに覚えられる予感があります。なんてったって、韓国語と日本語は兄弟のようなものですから。

…自信満々ですね。ラーメンやレコードは日本語と同じですね。

…では、順番に新しい単語を覚えていきます。

■ 重要単語の学習　　抜粋して収録しています（青文字の単語）

가게(店) ＝ 가（家）は大家という日本語があるように、「ある物を多く所有する人」という意味があります。それに게（ハングルで住む所の意味）をつけて、「店」という意味にたどり着きます。

가다(行く) ＝ 가は駆けるの「駆」をあてたいと思います。それに動詞の語尾の다をつけて、「行く」という意味になります。

까다(皮をむく) ＝ 까の字が、果物にピーラー（皮むき器）をあてているように見えるところから。

까지(〜まで、〜限り) ＝「限り」を縮めて言うと「カジ」。

나다(出る、生じる) ＝ 生（なま）、成るのイメージ＋動詞の다で。

누구(誰) ＝〈仮面をヌグと誰かわかる〉と覚えます。ちなみに누だけでも、誰という意味があります。

다시(もう一度、再び) ＝ 다（多のイメージ）＋ 시（時）

도착하다(着く) ＝ 도착の漢字表記は（到着）＋하다（するという動詞）。トチャクハダが連音化・激音化してトチャカダと発音（ハングルを覚える…6　発音の変化ルール3参照）。

따다(摘む、もぐ) ＝「庭の柿をもいで、野菊を摘んでもただ」と覚える。

따라가다(従う) ＝ 命令があったら가다（行く）→従う

먹다(食べる) ＝「もぐもぐ食べる」と覚えます。

마시다(飲む) ＝ 먹다が食べる、飲む両方の意味であるのに対し

20

て、마시다は噛まずに吸う（시）イメージです。

＊発音の変化については、後の章で説明します。

🐧…韓国語では、動詞の終止形の語尾は「다」です。また、形容詞、形容動詞（韓国語では形容詞に含まれています）も「〜다」という形になります。「きれい」だとか、「おだやか」だといった形容動詞は、日本語でも韓国語でも「〜だ（다）」という形になるのですから、不思議な気がします。これを、日本語では縁と表現するのでしょうか。

●─ハングルの文字を書いてみましょう

　子音の勉強を始めたばかりですので、ハングルの文字を読み書きするのに、まず戸惑われるかと思います。それに、ㅅ・ㅈ・ㅊ・ㅋ・ㅎはまだ学習していない子音ですね。学習を進めるうちに、自然と慣れてくると思いますが、復習の意味で、今まで出てきた単語を書いてみましょう。

ウェディン	ウェイストゥ	ウェイトゥリス	ウェチュクテダ
웨 딩	웨이스트	웨이트리스	외축되다
（ウェディング）	（ウェスト）	（ウェイトレス）	（畏縮する）

ウェグク	ウイサ	チョイ	ウイギョン
외국	의사	저희	의 견
（外国）	（医者）	（私ども）	（意見）

21

アイ 아이 (子供)	アニ 아니 (〜ない)	ウィ 위 (上、胃)	ウェ 왜 (なぜ)	ウユ 우유 (牛乳)

オー 오 (五)	カゲ 가게 (店)	カダ 가다 (行く)	ッカダ 까다 (皮をむく)	ナダ 나다 (出る)

ヌグ 누구 (誰)	タシ 다시 (もう一度再び)	トチャカダ 도착하다 (着く)	ッタダ 따다 (摘む、もぐ)	ッタラカダ 따라가다 (従う)

ラミョン 라면 (ラーメン)	レコドゥ 레코드 (レコード)	マシダ 마시다 (飲む)	モクタ 먹다 (食べる)

…日本語と韓国語は兄弟みたいなものです。二字熟語を中心に共通の言葉もたくさんあります。問題は「行く」とか「来る」とかいう基本的な言葉は異なるものが多いので、それをどう覚えるかです。

語学の勉強は、継続が第一です。それには、頑張りすぎないことと自分のペースで勉強することが大切です。

ハングルを覚える…4

ハングルの子音 その2

바 [パ/バ] *平音	日本語のパ行とほぼ同じですが、語中では濁音化しバ行になります。	例) 바지(ズボン) 배우다(習う)
빠 [ッパ] (濃音)	平音の「ㅂ」を詰まらせた音です。かっぱと言うときの「っぱ」です。	例) 빠르다(早い、速い)
사 [サ] *平音	日本語のサ行とほぼ同じです。	例) 사다(買う) 서다(立つ)
싸 [ッサ] (濃音)	平音の「ㅅ」を詰まらせた音です。あっさりと言うときの「っさ」です。	例) 싸다(安い、包む) 쓰다(書く、使う、苦い)
아 [ア]	発音しません。	例) 아저씨(おじさん) 생각하다(考える)

23

むりお と李先生 の覚えるヒント

…単語が出てきました。例によって、こじつけ単語集です。

…最初はこじつけでも、文の中で使っていくうちに覚えられると思います。がんばりましょう。

抜粋して収録しています CD 05

바지(ズボン) =ズボン下のぱっちのイメージで覚えましょう。

배우다(習う) =「習」という字を分解すると羽＋白ですが、羽＋臼（うす）でも似たような字になります。羽→ペ、臼→ウ。다は動詞を示す語尾ですね。

빠르다(速い) =빨리が'速く'という意味の副詞です。これは、英語の hurry の語呂あわせで覚えましょう。다を付けて빨리の形容詞として覚えます。

사다(買う) =「사」は入札の「札」のイメージ。入札して買う。

서다(立つ) =「卒」のイメージで覚えます。

싸다(安い、包む) =些少の「些」のイメージで覚えます。些少な金額で買えるということは'安い'ということです。また、スーパーのレジで袋詰めする係の人をサッカーと言いますが、そのイメージから包むという意味に繋げます。

쓰다(書く、使う、苦い) =「쓰」は、半紙に筆で字を書いているような象形文字だと思いましょう。

ハングルを覚える…4

아저씨(おじさん) = 아저씨の音のイメージから、アジョッシ→オジョッサ→オジサン

생각하다(考える) = 생각は「省覚」と当て字して、反省したり自覚したり＋해다（〜する）で'考える'。

…「쓰」を象形文字ととらえるのは、韓国人にはない発想ですね。

ハングルを覚える…5

ハングルの子音 その3

　子音の勉強の最終回です。ㅊ・ㅋ・ㅌ・ㅍという激音のグループが登場しました。激音は、その基となる子音（ㅈ・ㄱ・ㄷ・ㅂ）を強く息をはきながら発音します。つばが飛ぶくらいに激しく発音するので激音といいます。

　それにしても、子音はこんなにあるのか、もう覚えきれない、と思っていますか？　大丈夫です。今は覚えきれないと思っていても、学習を進めていくうちに自然と覚えられます。うろ覚えでOKです。忘れたら、またこのページに戻って確認してください。

자 ［チャ/ジャ］ ＊平音	日本語のチャ行に近い音ですが、語中では濁音化しジャ行になります。「ㅈ」は、手書きの場合はカタカナの「ス」と書きます。	例) 자동차（自動車）^{チャドンチャ} 지도（地図、指導）^{チド}
짜 ［ッチャ］ （濃音）	平音の「ㅈ」を詰まらせた音です。「へっちゃら」と言うときの「っちゃ」です。	例) 짜다(塩辛い、組みたてる)^{ッチャダ} 가짜（偽物）^{カッチャ}
차 ［チャ］ （激音）	息を強く吐きながら「ㅈ」を発音します。	例) 천천히（ゆっくりと）^{チョンチョニ} 차다（冷たい、蹴る）^{チャダ} 춥다（寒い）^{チュプタ}

ハングルを覚える…5

카 [カ] (激音)	息を強く吐きながら「ㄱ」を発音します。	例）커피 (コーヒー) 　　크다 (大きい)
타 [タ] (激音)	息を強く吐きながら「ㄷ」を発音します。	例）타다 (燃える、乗る、もらう) 　　터지다 (勃発する、裂ける)
파 [パ] (激音)	息を強く吐きながら「ㅂ」を発音します。	例）표 (票、切符) 　　팔다 (売る)
하 [ハ] (激音)	日本語のハ行とほぼ同じです。語中ではしばしば無音(ア行)化します。	例）허락하다 (許す) 　　화나다 (怒る)

27

●―パッチムについて

　ハングルでは、「子音と母音」の組み合わせに、下の図のように、さらに子音が下につくことがあります。この下に付いた子音をパッチム（終声）といいます。パッチムとは、「土台」「支え」の意味です。

※パッチムが付いた場合の文字の構成

子音	母音
子音（パッチム）	

子音	
	母音
子音（パッチム）	

子音
母音
子音（パッチム）

例 값^{カプ}（価値、価格）　　강^{カン}（川）　　낮^{ナッ}（昼）

　　달^{タル}（（天体の）月）　　둘^{トゥル}（2つ）　　문^{ムン}（戸、扉）

　パッチムには、ㄸ・ㅃ・ㅉを除くすべての子音が使われます。上の例の값のように、2つの子音からなるパッチムもあります。パッチムとして使われる子音または子音の組み合わせは、27種類ありますが、発音は下表のように7種類だけです。

パッチムの子音	発音	説明
ㄱ・ㄲ・ㅋ・ㄳ・ㄺ	ク	サッカーと言おうとしてサッで止めた時の「ッ」の音
ㄷ・ㅅ・ㅆ・ㅈ・ㅊ・ㅌ・ㅎ	ッ	カッターと言おうとしてカッで止めた時の「ッ」の音
ㅂ・ㅍ・ㄼ・ㄿ・ㅄ	プ	コップと言おうとしてコッで止めた時の「ッ」の音。（唇を閉じます）

ハングルを覚える…5

ㅁ・ㄹㅁ	ム	サンマという時の「ン」の音。(唇を閉じます)
ㄴ・ㄴㅎ・ㄴㅈ	ン	カンナと言う時の「ン」の音
ㅇ	ン	りんごという時の「ん」の音
ㄹ・ㄹㅂ・ㄹㅌ・ㄹㅎ	ル	ルの母音の無い音。カナでは小さく「ル」と書くイメージです。

　サッカーもカッターもコップも、日本人には同じ「ッ」を発音しているように聞こえますが、実際は別々の音です。舌の位置や唇を閉じるか否かを意識してみましょう。

　2つの子音からなるパッチムは、ㄹㄱ・ㄹㅍ・ㄹㅁを除いて，前の方の子音で発音します。

むりおと李先生の覚えるヒント

…今回も、たくさんの単語が出てきましたね。けれど、ハングルの発音から容易に意味が連想される単語も多くあります。では、覚えていきましょう。

抜粋して収録しています。　CD 05

자동차（自動車）= 자동차の漢字表記「自動車」より。
（チャドンチャ）

차겁다 / 차갑다（冷たい）= 차（差）＋감（感）→温度差感じる→冷たい
（チャゴプタ / チャガプタ）

짜다（塩辛い、組み立てる）= 찌개（チゲ）から塩辛いを連想、ストラクチャ（機構）のチャのイメージ
（ッチャダ）

가짜(偽物) =가（仮）+짜（茶化すのイメージ）。

천천히(ゆっくりと) =徐々にのイメージで覚えます。

지도(地図、指導) =これは、ハングルも日本語も漢字が共通です。

차다 (充ちる、蹴る、冷たい) =차（≒差）で、「水を差していっぱいにする」「蹴って得点差をつける」と連想。

춥다(寒い) =チュプタ→ちゃっぷい（寒いの方言）。

커피(コーヒー) =ほぼ発音どおりの意味ですね。

크다(大きい) =巨大という当て字で覚えます。

타다(乗る、燃える、もらう) =「ただ乗り」の語呂あわせで覚えます。また、焚くのイメージで燃えるという意味を連想します。

터지다(勃発する、裂ける) =터（突のイメージ）+状態の変化を表す「지다」（〜になる）

표(票、切符) =漢字表記「票」のとおり。

팔다(売る) =パーラーのイメージ。

허락하다(許す) =허락の漢字表記「許諾」+하다（〜する）

화나다(怒る) =화「火」+나다（出る、生じる）

값(価値、価格) =漢字の「額」をあてて覚えます。

강(川) =漢字は「江」。揚子江や長江の江です。ソウル市街の中心部を流れる漢江は有名ですが、これもハンガンと読みます。

ハングルを覚える…5

낮^{ナッ}(昼、日中)=「なっぴるま（まっ昼間）」という語呂合わせで覚えます。

달^{タル}((天体の)月)=「樽のような丸い月」と覚えます。

둘^{トゥル}(2つ)=ワン、ツー、スリーのイメージ。韓国語の「1つ、2つ、3つ」は하나、둘、셋（ハナ、トゥル、セッ）と英語に似ています。

문^{ムン}(戸、扉)=漢字は「門」。

…ハングルでも日本語でも、顔を真っ赤にして怒る様子を「火が出るように」と例えるのですね。本当にハングルと日本語は兄弟ですね。

…허락하다^{ホラカダ}の発音は単音ずつではホラㇰハダですが、発音の変化（連音化・激音化）が起こってホラカダになっています。発音の変化については、34ページ以降で学習します。

●―復習の意味で、今まで出てきた単語を書いてみましょう

바지 (パジ) (ズボン)	자동차 (チャドンチャ) (自動車)	가짜 (カッチャ) (偽物)	사다 (サダ) (買う)	서다 (ソダ) (立つ)

싸다 (ッサダ) (安い、包む)	쓰다 (ッスダ) (書く、使う、苦い)	아저씨 (アジョッシ) (おじさん)	생각하다 (センガカダ) (考える)	지도 (チド) (地図、指導)

화나다 (ハナダ) (怒る)	짜다 (ッチャダ) (塩辛い)	배우다 (ペウダ) (習う)	천천히 (チョンチョニ) (ゆっくりと)	터지다 (トジダ) (勃発する、裂ける)

커피 (コピ) (珈琲)	크다 (クダ) (大きい)	팔다 (パルダ) (売る)	춥다 (チュプタ) (寒い)	표 (ピョ) (票、切符)

빠르다 (ッパルダ) (早い、速い)	허락하다 (ホラカダ) (許す)	값 (カプ) (価値、価格)	타다 (タダ) (燃える、乗る、もらう)	낮 (ナッ) (昼、日中)

ハングルを覚える…5

パルダ 팔다	トゥル 둘	カン 강	チャダ 차다
（売る）	（2つ）	（川）	（冷たい、蹴る）

33

ハングルを覚える…6

発音の変化

韓国語では文字は変わらないのに、発音だけが変わる場合があります。特にパッチムがついた時は、発音の変化に要注意です。日本語の音便に似たところがありますが、その基本的なルールを紹介します。

ルール 1 濁音化

子音の勉強の時にも説明しましたが、ㄱ・ㄷ・ㅂ・ㅈは、前に母音やパッチムのㄴ・ㅁ・ㄹ・ㅇがある時は、濁って発音（濁音化）されます。

例 고기（ユギ）（肉） 신발（シンバル）（履物、靴） 아버지（アボジ）（お父さん）

ルール 2 濃音化

ルール 1 では、子音ㄱ・ㄷ・ㅂ・ㅈが濁って発音される場合を説明しましたが、それ以外つまり前にㄴ・ㅁ・ㄹ・ㅇ以外のパッチムがある時は、詰まったような音になり濁りません。さらに、子音のㅅも、このルールに従い詰まったような音になります。参考に、実際の発音をハングルで［　］内に記しています。

ハングルを覚える…6

例 식사 [식싸]（食事）식당 [식땅]（食堂）잡지 [잡찌]（雑誌）

ルール3　パッチムの連音化、激音化

① ○以外のパッチムの直後に無音の子音○が来ると、パッチムの音が○に移り、置き換わります。また、パッチムが2つの場合には、基本的にはパッチムは2つとも発音されます。

例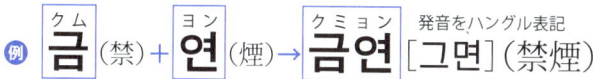

> 単独の文字では금（クム）、연（ヨン）と発音しますが、2つの文字を繋げて금연という語句にすると、（クミョン）という発音になります。

② パッチムの直後に子音ㅎが来る場合も、パッチムの音がㅎに移り、置き換わります。これは、子音のㅎは語頭以外ではごく弱く発音され、ほとんど聞こえず、無音の子音○の場合に準じて連音化するからです。

例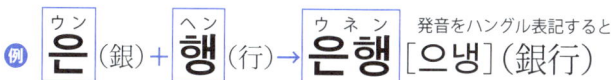

> 単独の文字では은（ウン）、행（ヘン）と発音しますが、2つの文字を繋げて은행という語句にすると、（ウネン）という発音になります。

③②のようにパッチムの直後に子音ㅎが来る場合に、前のパッチムが連音化しますが、前のパッチムがㄱ・ㄷ・ㅂ・ㅈの場合にㅎが来ると、連音化とともに、激音化（強く息を吐いて発音する）が起こります。即ち、文字はㄱ・ㄷ・ㅂ・ㅈですが、発音はㅋ・ㅌ・ㅍ・ㅊとなります。

약하다 [야카다]（弱い）、백화점 [배콰점]（百貨店・デパート）、음악회 [으마쾨]（音楽会）

ルール4　パッチムの後の야・여・요・유・이の変化

　パッチムの後に야・여・요・유・이が来ると、냐・녀・뇨・뉴・니と発音されることがあります。（ㄴの添加）これは、主として合成語に多い発音の変化です。

> 例　식용유 [시굥뉴]（食用油）　그림엽서 [그림녑서]（絵はがき）
> 　　그럼요 [그럼뇨]（勿論です）　두통약 [두통냑]（頭痛薬）

ルール5　特定の文字間の発音変化

　ルール4までは、文章の中でたびたび見かける発音変化ですが、特定の子音や母音が連関して発音が変化する例を紹介します。ルールとして押さえておくが、それぞれの単語の発音として覚えるという捉え方のほうがいいかもしれません。

① 　子音ㄴ・ㄹが連続すると、ㄴがㄹの発音へ変化する（**流音化**）
　パッチムとその直後に続く子音がㄴとㄹ、逆にㄹとㄴの場合、どちらの子音もㄹとして発音されます。

ハングルを覚える…6

例 설(元日) + 날(日) → 설날 [설랄](お正月)
   ソル   ナル   ソルラル 実際の発音のハングル

곤란 [골란] (困難)、잘나다 [잘라다] (秀でている)、
コルラン   チャルラダ

본래 [볼래] (本来)。
ポルレ

＊[ ]内は実際の発音をハングル表記したもの。

② パッチム ㄱ・ㄷ・ㅂ の**鼻音化**と

　子音 ㄹ の**鼻音化**

パッチム ㄱ・ㄷ・ㅂ の直後に子音 ㄴ・ㅁ・ㄹ が続くと、パッチムが鼻音化します。また、上記パッチムに加えてパッチム ㅁ・ㅇ の直後が子音 ㄹ の時、鼻音化して ㄴ の発音に変化します。以上のことを整理すると次の表のようになります。

	鼻音化	鼻音化の条件
ㄱ（パッチム）	ㅇに変化	パッチムの直後の子音が、ㄴ・ㅁ・ㄹ
ㄷ（パッチム）	ㄴに変化	パッチムの直後の子音が、ㄴ・ㅁ・ㄹ
ㅂ（パッチム）	ㅁに変化	パッチムの直後の子音が、ㄴ・ㅁ・ㄹ
ㄹ（子音）	ㄴに変化	直前のパッチムが、ㄱ・ㄷ・ㅂ・ㅁ・ㅇ

例 국내 [궁내] (国内)　　작문 [장문] (作文)
   クンネ   チャンムン

　식료품 [싱뇨품] (食料品)　입니다 [임니다] (〜です)
   シンニョプム   イムニダ

　십만 [심만] (十万)
   シムマン

＊[ ]内は実際の発音をハングル表記したもの。

37

③ 「이」によるパッチムㄷ・ㅌの変化（**口蓋音化**）

パッチムㄷ・ㅌに이が続くと、ㄷの場合は지の音に、ㅌの場合は치の音に変化します。

パッチム	発音変化	発音変化の条件
ㄷ	지に変化	直後に이が続く
ㅌ	치に変化	直後に이が続く

例 같이［가チ］（一緒に）、해돋이［해도지］（日の出）

＊［ ］内は実際の発音をハングル表記したもの。

むりお と李先生 の覚えるヒント

…発音の変化の法則は、単語を覚えるうちに自然と身についてくると思います。では、今回も新たな単語を覚えて行きましょう。

■ **重要単語の学習**　　　　　　　　　　　　　　CD 05

고기（肉）＝焼き肉料理のプルコギ（불고기）は、もう日本語ですね。ちなみに불は「火」という意味。

신발（履物、靴）＝신다は（履く）という動詞。この語幹に발（足）。

아버지（お父さん）＝オモニが母なので対照させて覚えます。当て字をするなら御父氏という所でしょうか。また、아버지には、「神、エホバ」の意味もあります。その音から連想します。

식사（食事）＝식사の漢字表記「食事」から。

식당（食堂）＝식당の漢字表記「食堂」から。

38

ハングルを覚える…6

잡지 (雑誌) =잡지の漢字表記「雑誌」から。

금연 (禁煙) =금연の漢字表記「禁煙」から。

은행 (銀行) =은행の漢字表記「銀行」から。歌手の桂銀淑をケイウンスクと読むように銀は은と発音します。

급행 (急行) =漢字表記「急行」から。

약하다 (弱い) =약「弱」+하다。音から「やわだ」。

백화점 (百貨店・デパート) =백화점の漢字表記「百貨店」から。

음악회 (音楽会) =음악회の漢字表記「音楽会」から。

식용유 (食用油) =漢字表記「食用油」から。

그림엽서 (絵はがき) =그림は (絵)、엽서は漢字表記「葉書」。

그럼요 (勿論です) =그럼「それならの意」+요 (〜です)

두통 약 (頭痛薬) =두통「頭痛」+약「薬」

설날 (お正月) =설はおそらく「設」から来ている。날は昼間、日中の意味で新しい年を設ける日 → 正月。

곤란 (困難) =곤란の漢字表記「困難」から。

잘나다 (秀でている) =잘は (上手に) の意味。나다はその状態の継続・強調で、いつも上手に→秀でている。

본래 (本来) =본래の漢字表記「本来」から

국내 (国内) =漢字表記「国内」のとおり。

작문^{チャンムン}（作文）＝漢字表記「作文」のとおり。

식료품^{シンニョブム}（食料品）＝漢字表記「食料品」のとおり。

입니다^{イムニダ}（〜です）＝이다^{イダ}の丁寧形として覚える。または、「〜と、いうんだ」が訛ったと考える。

십만^{シムマン}（十万）＝漢字表記「十万」のとおり。

같이^{カチ}（一緒に）＝合致のイメージ

해돋이^{ヘドジ}（日の出）＝해（陽）＋돋다（昇る）＋이（名詞を作る接尾語）。または、日の出が訛ってヘドジ。

超かんたん　子音の覚え方

　子音は平音および激音の14個と濃音（つまったような音）5個があります。韓国語の辞書を引くときは、平音および激音の順に単語が並んでいますので、この順番も覚える必要があります。「14個もの子音を文字も順番も覚えるのは大変！」と思われるでしょう。でも、大丈夫です。簡単な覚え方があります。合言葉『このドラマ、釜山じゃ劇へ』だけ覚えればいいのです。合言葉と文字の対照は次のとおり。

ㄱ^こ・ㄴ^の・ㄷ^と・ㄹ^ら・ㅁ^ま・ㅂ^ぶ・ㅅ^{さん}・ㅇ・ㅈ^{じゃ}・ㅊㅋㅌㅍ^{激（音）}・ㅎ^へ　例えば、ㄱには「こ」が対照していますが、「こ（ko）」の発音のkが子音ㄱの発音です。ㅊㅋㅌㅍは激音としてまとめていますが、それぞれ子音ㅈㄱㄷㅂを息を強く吐いて発音するので、文字の形がもとの子音に似ています。さらに、多くの子音の文字が日本語の仮名の一部分を取り出したような形ですので、発音と文字と同時に覚

ハングルを覚える…6

えられます。(下記をご覧ください)

ㄱㄴㄷㄹㅎ
ㅂㅅㅇㅈㅑ(じゃ)
ㅊㅋ音ㅅ(ㅎ)

「ㄲ・ㄸ・ㅃ・ㅆ・ㅉ」は、濃音といい、つまったような発音になります。文字は平音を重ねた形で、辞書ではそれぞれの平音の次に表示されます。

激しい議論

41

メモ 매모

韓国語の文章に触れてみましょう

12章構成で、物語をたどりながら韓国語会話を勉強していきます。まず、その章で学ぶ基本文型の入った会話文を掲載しています。その後で、文法解説をしています。
会話文（本文）の登場人物は、日本人女性のユリ、その友人の韓国人女性소리（ソリ）、소리のいとこの주장（チュジャン）。
ユリは留学生として日本に来ていた소리の勧めで、初めて韓国を訪れます。ユリの体験を通して、韓国語を勉強していきましょう。

第1章 ● 空港で

名詞＋이에요/예요　～です　の表現

まず、「～です - 이에요/예요)」「～ではありません（-가/이 아니에요)」「～ですか？- 이에요/예요？)」という文を学習しましょう。

유리： **안녕하세요?**
ユリ： こんにちは

소리： **안녕하세요 유리. 네, 여기 있어요.**
ソリ： こんにちは　　　　ユリ。　はい、これ　どうぞ

유리： **이것은　뭐예요?**
ユリ： これは　　何ですか

소리： **그것은　지하철 표예요.**
ソリ： それは　　地下鉄の切符　です

유리： **이것도　지하철 표예요?**
ユリ： これも　　地下鉄の切符　ですか

소리： **아니요. 그것은 차표가 아니에요. 식권이에요.**
ソリ： いいえ　　それは　　乗車券では ありません　　食券です

44

第1章 空港で

커피라도 한잔 합시다.
コ ピ ラ ド ハンジャ ナプシダ

コーヒーでも　一杯　　飲みましょう

커피, 홍차, 주스, 어느 게 좋아요?
コ ピ　ホンチャ　チュス　オ ヌ ゲ　チョア ヨ

コーヒー、紅茶、　ジュース、どれが　　好みですか

ちょっと補足

文章の最後には．(ピリオド) を打ちます。日本語は「。」(句点) ですが、そこだけは英語式ですね。합시다 (ハプシダ) は、「しましょう」という勧誘の表現です。

文法解説 ■ 基本文型をマスターしましょう

●─〜은/는 = 〜は
　　　ウン ヌン

　日本語の「〜は」にあたるのが助詞の「은/는」です。는は主語の最後の文字が母音の場合、은は主語の最後の文字がパッチムで終わる場合に使います。은の場合、パッチムが連音化して、パッチムの音がㅇに移ります。下記の例の3つ目の単語の場合、発音はチゴプウンではなく、チゴブンになります。

例 저는 (私は)　　학생은 (学生は)　　직업은 (職業は)
　　チョヌン　　　　ハクセンウン　　　　チゴブン

　　취미는 (趣味は)　책은 (本は)
　　チ ミ ヌン　　　　チェグン

●―〜도 = 〜も

日本語の「〜も」は、〜도で表します。

例 저도（私も）　학생도（学生も）　책도（本も）

＊このテキストでは助詞、文型の発音については、文の中で使用される場合を想定し、発音される頻度が高い濁音のルビをふっています。前の単語によっては濁らない音になることがありますのでご注意ください。

〜도の場合も、前の単語がㄱ・ㄷ・ㅂ・ㅅ・ㅈ・ㅊ等の詰まった語感のパッチムで終わる場合は「ド」ではなく「ト」と発音されます。

●―〜이에요 / 예요 = 〜です　CD 09

名詞につけて「〜です」という意味です。名詞がパッチムで終わるときは〜이에요を、母音で終わるときは예요を使います。「〜です」の表現はもう一つ、格式的で硬い感じの「名詞＋입니다」があります。「名詞＋예요 / 이에요」の方をヘヨ体、「名詞＋입니다」の方をハムニダ体と呼びます。現在では、ヘヨ体が会話でよく使われています。

本書では、ヘヨ体を基本に説明をしています。（ハムニダ体については 11 章でまとめて説明しています）

例 저는　공무원이에요．（私は公務員です）－ヘヨ体
　저는　공무원입니다．（私は公務員です）－ハムニダ体

第 1 章 ● 空港で

<ruby>저<rt>チョ</rt></ruby><ruby>는<rt>ヌン</rt></ruby> <ruby>일본<rt>イルボン</rt></ruby> <ruby>사<rt>サ</rt></ruby><ruby>람<rt>ラ</rt></ruby><ruby>이<rt>ミ</rt></ruby><ruby>에<rt>エ</rt></ruby><ruby>요<rt>ヨ</rt></ruby>.（私は日本人です）－ヘヨ体
<ruby>저<rt>チョ</rt></ruby><ruby>는<rt>ヌン</rt></ruby> <ruby>일본<rt>イルボン</rt></ruby> <ruby>사<rt>サ</rt></ruby><ruby>람<rt>ラ</rt></ruby><ruby>입<rt>ミ</rt></ruby><ruby>니<rt>ム</rt></ruby><ruby>다<rt>ニダ</rt></ruby>.（私は日本人です）－ハムニダ体
<ruby>어머니는<rt>オモニヌン</rt></ruby> <ruby>주부예요<rt>チュブエヨ</rt></ruby>.（母は主婦です）－ヘヨ体
<ruby>어머니는<rt>オモニヌン</rt></ruby> <ruby>주부입니다<rt>チュブイムニダ</rt></ruby>.（母は主婦です）－ハムニダ体

＊입니다は字どおり読めば、［イプニダ］ですが、鼻音化して［イムニダ］と発音します。韓国語の発音変化の規則は、前章でまとめて説明していますが、日本語の音便のように自然と発音しやすい形に変わっていると思っていいでしょう。しばらくは、例題などの文章の発音をそのまま覚えていきましょう。助詞の「- 도」の場合も前に来る名詞のパッチムの有無やパッチムの種類によって「ト」と発音されたり「ド」と発音されたりすることがあります。

＊예요（エヨ）は、이에요（イエヨ）を縮約した形です。母音だけの音の「이」と「에」は続けて発音しづらいので、一音に縮めます。直前の単語（名詞）がパッチムで終わる場合（上の例の**공무원**や**일본 사람**等の場合）は、連音化がおこり母音だけの音は連続しません。だから、一音に縮める必要がないと言えます。

●―～이에요？ / 예요？ ＝ ～ですか

～예요または～이에요は、「？」を付けるだけで、「～ですか？」という疑問文になります。

例 한국 사람이에요？（韓国人ですか）
한국 여행은 처음이에요？（韓国旅行は初めてですか）

＊ハムニダ体の「～입니다（イムニダ）」を疑問文にするには、다を까に変えて、「～입니까？（イムニッカ）」という形にします。日本語の断定の語尾「だ」を疑問の語尾「か」に変えるのと同じです。

●―～（이 / 가）　아니에요 ＝ ～ではありません

(CD 10)

～이 / 가は、日本語の「～が」に相当します。直前の文字にパッチムがある場合は이を、パッチムが無い場合は、가を使います。

例 이것은 김치가 아니에요．（これは、キムチではありません）
형제가 아니에요．（兄弟ではありません）発音＊
내일은 일요일이 아니에요．（明日は、日曜日ではありません）

　＊형제가は「ヒョンゼガ」と発音すると、より自然な韓国語になります。

第1章●空港で

むりおと李先生の覚えるヒント

…李先生、ウンヌンが難しいですね。

…ウンヌン？

…「〜は」と言う時の은と는です。前の語のパッチムの有る無しで使い分けるのですね。どっちが、どっちでしたっけ？

…パッチムの有る時が은です。連音化することで、パッチムの音が発音されます。単語のみの発音では区別できない単語が〜은という形を取ることで区別できます。例えば옻（漆）と옷（服）は、どちらも「옫・オッ」と発音しますが、「〜は」をつけると「漆は・옻은」（発音をハングルで表すと오츤）と「服は・옷은」（発音をハングルで表すと오슨）となり、区別ができます。

…なるほど。韓国文法は合理的なんですね。ここで、은と는の覚え方を発見しました。日本語では、あれこれ言うことを云々すると言います。은/는→ウンヌン→云々（〜は…）と覚えます。

…では、「〜も」と言うときの도は、どう覚えますか？

…これは、もう、同という漢字をあてるしかないですね。「〜です」というときの〜이에요/예요は、日本語の「〜よ」と発音が似ているのですぐ覚えられます。ハムニダ体の「〜입니다」は、「〜いうんだ」と方言のような感じで覚えます。

… 이에요/예요、입니다は、これから何度でも出てくるので、無理してこじつけなくてもいいですよ。이/가 아니에요の表現も、아니を「否」と覚えていれば、難しい表現ではないと思います。

… では、文法の覚え方はこれくらいにして、単語を覚えていきます。

■ **重要単語の学習**   抜粋して収録しています　CD 11

안녕하세요（こんにちは） = 안녕（安寧）+하세요で、安寧ですか→お変わりありませんか≒こんにちは。

유리（ガラス） = 유리の漢字表記「琉璃」から。本文では、登場人物の名前として使われています。

네（（肯定、承諾の）はい） = 「うん」と「ええ」を縮めて「ね」

여기（ここ、ここに） = 여（≒此）+기（≒処）

소리（声） = 声音のイメージ。この単語も、本文では、登場人物の名前として使われています。

이것（これ） = 이（この）+것（もの、こと）で、これ。

무엇（何） = 無憶と当て字をします。「記憶に無い」で「何？」というイメージです。本文では省略形の뭐を使っています。

그것（それ） = 그は「その」という意味。것は「もの」、「こと」の意味。

지하철（地下鉄） = 지하철の漢字表記「地下鉄」から。

第1章●空港で

도 (～も) =「同」と当て字

아니요 (いいえ) = 아니요（否よのイメージ）。または、「何をおっしゃる？」→アニヨ。

차표 (乗車券) = 차표の漢字表記「車票」から。

식권 (食券) = 식권の漢字表記「食券」から。発音ルビは、シッコンですが、シックォンに似た発音です。

커피 (コーヒー) = 前出。ほぼ、発音どおりの意味ですね。

라도 (～でも) =「等ど」と当て字。

한 잔 (一杯) = 한は「1」の意。잔の漢字表記「盞」から。盞はさかずき。

홍차 (紅茶) = 漢字表記が「紅茶」。

주스 (ジュース) = ほぼ音のとおり。

어느 (どの) = donoのdが欠落してonuと覚えます。「어느 것」で「どれ」という意味

게 (ものが、ことが) = 것이の縮約形。

것 (もの、こと) = 것の発音から、事。

저 (私、あの) = 張本人という熟語から→「チョは本人」。また、「超」という漢字を充てて、「この」や「その」をとびこえて「あの」。

학생 (学生) = 漢字表記「学生」から。

직업 (職業) = 漢字は「職業」です。音もなんとなく似ていますね。

51

취미 (趣味) =漢字表記「趣味」から。

책 (本) =漢字表記「冊」から。

공무원 (公務員) =漢字表記「公務員」から。

일본 사람 (日本人) =일본 (日本) ＋人間という意味の사람。사람은 사랑 (愛) の類義語として覚えます。일본の日の発音は、北朝鮮の元指導者の発音から類推します。

사람 (人、人間) =사랑 (愛) の類義語として覚えます。

어머니 (母) =これはもう、日本語化していますが、結びつかなければ「御母人」という当て字で覚えます。

주부 (主婦) =漢字表記「主婦」から

한국 (韓国) =한국の漢字表記「韓国」のとおり。

여행 (旅行) =漢字表記「旅行」から

처음 (初めて、最初) =「緒生む」と当て字をして覚えます。

김치 (キムチ) =発音のとおり。

형제 (兄弟) =형제の漢字表記「兄弟」から。

내일 (明日) =내 (来) ＋일 (日) で明日。または、ネクスト일 (日) と覚えます。

일요일 (日曜日) =漢字表記「日曜日」のとおり。

※日本語の「こそあど」が出てきました。指示代名詞は文法の第一歩です。韓国語では、이・그・저・어느（イクチョオヌ）ですね。では、韓国語マスターへ向かって頑張りましょう、イクチョオヌ（行くぞー！）。

●─練習してみましょう

⇨韓国語を日本語にしましょう

1行目が問題、2行目がヒント、3行目が答えになっています。各問、まず、2行目、3行目を隠して考えてみましょう。

［問1］　저는　주부예요.
　　　　ヒント…読みは、「チョヌン　チュブエヨ」。
　　　　答　え…私は主婦です。

［問2］　이것은　잡지입니다.
　　　　ヒント…読みは、「イゴスン　チャプチイムニダ」。잡지は「雑誌」です。
　　　　答　え…これは雑誌です。

⇨日本語を韓国語にしましょう

[問 1]　それも偽物ですか？

　　　　ヒント…「～も」は同をイメージ。「偽物」は（仮＋茶化す）で覚えました（p.30 参照）。

　　　　答　え…그것도　가짜예요？
　　　　　　　　（クゴット　カッチャエヨ）
　　　　　　　　그것도　가짜입니까？（ハムニダ体の場合）
　　　　　　　　（クゴット　カッチャイムニカ）

第2章 ● フロントで

名詞＋(은/는) 어디 있어요？
〜は、どこにありますか

存在を表す動詞の基本形（辞書に載っている形）は「있다」です。これは日本語の「ある」「いる」で、人物でも物でも共通に使います。

「あります」「います」という平叙文の表現は다を取った語幹「있」に어요を付けて「있어요」になります。

CD 12

CD 13・14

유리：**내 방은 어디 있어요？**
ユリ： 私の部屋は どこに ありますか

접수처：**구층에 있어요. 903호실입니다.**
フロント係： 9階に あります。 903号室 です。

소리：**방 열쇠는 어디 있어요？**
ソリ： 部屋の キーは どこに ありますか

접수처：**그 봉투 안에 있어요.**
フロント係：その 封筒の 中に あります。

유리：**자동판매기는 어디 있어요？**
ユリ：自動販売機は どこに ありますか

55

접수처: **엘리베이터 왼쪽에 있어요. 구층에도 있어요**
エル リ ベ イ ト　ウェンチョゲ　イッソヨ　クチュンエド　イッソヨ

フロント係：エレベーターの　左に　あります。　9階にも　あります。

소리: **내가 안내해 줄 게요.**
ネ ガ　アンネ ヘ　チュルケ ヨ

ソリ：私が　案内して　あげましょう。

ちょっと補足

줄게요.は、주다（あげる）+ㄹ게요（(し)ましょう）で上記の意味になります。

文法解説 ■ 基本文型をマスターしましょう

●─位置を表す表現

本文では、안（~の中）、왼쪽（の左）、という単語が出てきましたが、日本語訳でわかるように「~の」という意味も含んでいます。韓国語では、位置を表す語や所有関係、材料をしめす場合の「~の」は使われません。本文以外の位置を表す主な単語を紹介します。

위（~の上）、밑（~の下）、오른쪽（の右）、앞（の前)
옆（の横）、뒤（~の後ろ）、밖（の外）、아래（の下方）
속（中：안は比較的大きなものの中の場合、속は比較的小さいものの中の場合に使います）

56

第 2 章 ● フロントで

●―〜에 = 〜に

本文では位置を表す語にくっついて、안에（の中に）、왼쪽에（の左に）のような使い方をしていました。日本語の場所や時間を示す「〜に」とほぼ同じです。

例 침대에（ベッドに）　교실에（教室に）　가게에（店に）
부산항에（釜山港に）

●―〜에도 = 〜にも

에は場所や時間を表す語句について、「〜に」という意味です。これに前章で学習した도がついて、「〜にも」「〜でも」。

●―〜이 / 가 = 〜が

前章で少し説明しましたが、改めて勉強します。日本語の助詞「が」に相当するのが、이 / 가です。単語の最後にパッチムのある場合は이を、パッチムの無い場合は、가を使います。パッチムの無い場合は、가ですので、日本語と同じ発音になりますね。ㅇパッチム以外のパッチムの場合は連音化によってそれぞれ発音が変わるので注意です。

例 비가（雨が）　고양이가（猫が）　눈이（雪が）
꽃이（花が）　곰이（熊が）

57

●―있어요？、없어요 ＝ ありますか、ありません

있어요は「います・あります」の意味です。？マークを付けるだけで疑問文になります。否定の「ありません」という表現は、없어요になります。

■ 重要単語の学習

例 열이 있어요.　　（熱があります）

　　자신 있어요.　　（自信あります）

　　질문 있어요？　　（質問、ありますか）

　　자리가 없어요.　（席がありません）

※「います、あります」という表現はハムニダ体では、있습니다（イッスムニダ）になります。疑問文は、있습니까？（イッスムニッカ）です。第１章で、입니다（イムニダ）という表現を勉強しましたが、ハムニダ体の作り方は、動詞の語幹（動詞の辞書にある形から다を取った部分）にㅂ니다または、습니다を付けます。語幹がパッチムで終わる場合は습니다を、語幹が母音で終わる場合は、ㅂをパッチムとして付加して니다を付けます。この規則によって「である」の이다（イダ）が입니다に、「ある、いる」の있다（イッタ）が있습니다になります（第３章「～ます、～です」参照）。

例 열이 있습니다.　（熱があります）

　　빈 자리가 있습니까？　（空席はありますか）

＊빈 자리…（空いた席）

第2章●フロントで

むりおと李先生の覚えるヒント

😀…「あります、います」の表現は、日本語を漢字に直すと「居る」「存在する」だから、「居存よ」「居存むんだ」と覚えます。「居存よ_{イソン}」→있_{イッ}어_ソ요_ヨ、「居存むんだ_{イッ}」→있_{イッ}습_{スム}니_ニ다_ダです。

```
┌─────────────┐
│よ い そ    │  日本語の頭文字を
│にるん     │  つなげると、韓国語に
│あ ざ      │  あら、ふしぎ！
│るい       │
│  す      │
│  る      │
└─────────────┘
```

👩…ちょっときびしい当て字ですね。「居る」と「存在する」の意味なので、漢字はそれでいいと思いますが…

😀…取りあえずは当て字でおぼえても、있_{イッ}다_タ＝（在る、居る）だと自然に出てくるようにということですね。
では、他の単語も、覚えていきます。

■ 重要単語の学習　　　　　抜粋して収録しています　CD 16

내_ネ（私、私の）＝本文1行目の내は나_ナ의_エの縮約形。나は私という意味で、日本語で「私は山田だ」などという時、「名は山田だ」と言っても通じるところから나→名→私と覚えます。의は「〜の」という意味です。また、나は、「フロントで」の会話例の最後の例文のように、助詞の가_ガ（〜が）、게_ゲ（〜に〈에게の縮約形〉）が付く場合は、내_ネになります。

방 (部屋) =방の漢字表記「房」より。

어디 (どこ) =어は「どの」という意味+디は「地」と覚えます。本文の어디は「どこに」という意味ですが어디에の에が省略された形です。

있다 (ある、いる) =漢字の「居」を当て字します。다は動詞のしるし。

구 (九) =구の漢字表記「九」。発音も日本語と同じです。

백 (百) =백の漢字表記「百」から。

삼 (三) =삼の漢字表記「三」から。

층 (階、層) =층の漢字表記「層」から。

에 (〜に、で、へ (場所、点、時間等)) =発音が日本語の「〜へ行く」の「へ」と同じ音、意味だと覚えます。でも、包括した意味としては日本語の「〜に」であることに注意します。

호실 (号室) =호실の漢字表記「号室」より。

열쇠 (鍵) =열다 (開く) +쇠 (鉄) で鍵。

그 (その、彼) =그の音から「彼」をイメージ。

봉투 (封筒) =봉투の漢字表記「封套」。套は、外套の套。

안 (〜の中、〜以内) =안は〜しないという意味もあります (否という当て字で覚える)。〜しない→〜いない→の中と連想して覚えます。

第 2 章 ● フロントで

자동판매기(自動販売機) = 자동の漢字表記は「自動」、판매기は音も似ている「販売機」。

엘리베이터(エレベーター) = 発音のとおり。

왼 쪽(〜の左) = 외국(外国)のように、외は「外」という意味。外の側というイメージで左側。

에도(〜にも) = 에(=〜に)+도(=〜も)

안내하다(案内する) = 안내「案内」+하다(する)

위(の上) = 発音から「上」のイメージ。

밑(の下) = 下(もと)のイメージで覚えます。

오른쪽(の右) = 「오르다」(上がる)から右肩上がりを連想+쪽(〜側)のイメージ。

앞(の前) = 音から ｕｐ(前へ寄って接写する)→前のイメージに。

옆(の横) = ヨプから発音を少し変えて横。

뒤(の後、の後ろ) = 発音から、「終の住処」の終を連想→後ろ

밖(の外) = 発音のパーク(公園)から外をイメージします。

아래(の下方) = 「否零」と当て字をして、ゼロに届かないという意味で下。

속(〜の中) = 속が「属」と漢字表記される場合、付属物という意味です。そこから、類推して中という意味をイメージします。

침대(ベッド) = 漢字表記「寝台」から。

교실 _{キョシル} (教室) =漢字表記「教室」から。室の発音は日本語では「しつ」「むろ」ですが、韓国語では2つを一緒にしたような発音になっています。

항구 _{ハング} (港) =漢字表記「港口」から。○○港と言うときは、文法解説の「例」の부산항_{プサナン}のように항だけで「港」という意味になります。

비 _ビ (雨) =비_ビの音のイメージから。

고양이 _{コヤンイ} (猫) =고이は「きれいに」という副詞、その中に양 (羊) を入れることで、小ぎれいな羊→猫を連想します。

눈 _{ヌン} (雪、目) =눈→縫い目→目→英語でアイ→アイス→雪と連想。

꽃 _{コッ} (花) =漢字の「華」のイメージで覚えます。

곰 _{コム} (熊) =곰_{コム}の発音から

없다 _{オプタ} (ない、いない) =発音から「オフだ」→ない、いない。

열 _{ヨル} (熱) =漢字表記「熱」。熱があってヨロヨロする。意味と発音が似た言葉に여름_{ヨルム} (夏) があります。

자신 _{チャシン} (自信、自身) =자신の漢字表記「自信」「自身」から。

질문 _{チルムン} (質問) =질문の漢字表記 (質問) から。

자리 _{チャリ} (席、場所) =자を (自)、리を (里) と当て字のイメージ。

~이다 _{イダ} (~である) =이は「謂」という漢字でイメージします。

62

第2章 フロントで

むりおの無茶な質問

「韓国の方と早くコミュニケーションを取りたいのですが、この3つさえ覚えれば、何とかなるという言葉があれば、教えてください。」
李「難しい質問ですね。例えば、次の4つはどうですか」

좋아요！(チョアヨ)…いいね、楽しいです、素敵です、といった意味

괜찮아요 (ケンチャナヨ)…平気です、大丈夫です、元気ですよ、といった意味

～주세요 (チュセヨ)…～をくださいという意味です。外食した際に注文する時などに便利な表現です。

～해 주세요 (ヘ ジュセヨ)…～してくださいという意味です。「～」には、日本語の感覚で二字熟語を入れましょう。韓国語には「記憶（キオク）」「記録（キロク）」「継続（ケーソク）」「貯金（チョグム）」「運動（ウンドン）」「約束（ヤクソク）」「案内（アンネ）」「指揮（チフィ）」「修理（スリ）」「読書（トクソ）」「躊躇（チュジョ）」など、日本語に近い発音の単語があります。あてずっぽうで話しているうちに通じることもあるかもしれません。意図とは違う意味に捉えられることもあるかもしれませんが…

むりおの めざせハングルマスター！

1. 좋아요 (いいね) ／ 私が作ったの。どうぞ召しあがれ
2. 괜찮아요 ／ 肉料理もどうかしら
3. おなかがいっぱいだ。でも韓国語で何と言えばいいんだ？
4. 위장약 주세요 (胃薬ください)

●―練習してみましょう

⇨韓国語を日本語にしましょう

1行目が問題、2行目がヒント、3行目が答えになっています。各問、まず、2行目、3行目を隠して考えてみましょう。

[問1]　학생은　어디　있어요？
　　　　ヒント…読みは、ハヶセンウン オディ イッソヨ
　　　　答　え…学生は、どこにいますか。

[問2]　가게　안에　있어요．
　　　　ヒント…読みは、カゲ アネ イッソヨ
　　　　答　え…店の中にいます。

⇨日本語を韓国語にしましょう

[問1]　鍵が、ベッドの上にあります。
　　　　ヒント…ベッド（寝台）は、침대(チムデ)
　　　　答　え…열쇠가　침대　위에　있어요．
　　　　　　　(ヨルセガ　チムデ　ウィエ　イッソヨ)
　　　　　　　열쇠가　침대　위에　있습니다．（ハムニダ体）
　　　　　　　(ヨルセガ　チムデ　ウィエ　イッスムニダ)

第2章●フロントで

[問2] なぜ、子どもが川の中にいますか？
　　　ヒント…なぜは왜、川は강
　　　答え…왜 아이가 강 안에 있어요？
　　　　　　왜 아이가 강 안에 있습니까？（ハムニダ体）

⇨ ☐ の中に下の単語を入れて、文を作りましょう

[問1] 자동판매기 ☐ 뭐가 있어요？

　　　訳 …自動販売機 ☐ 何がありますか
　　　単語…오른쪽에（の右に）、오른쪽에는（の右には）
　　　　　　왼쪽에（の左に）、옆에（の横に）
　　　　　　앞에（の前に）、뒤에는（の後ろには）
　　　　　　밖에（の外に）、안에 / 속에（の中に）

[問2] 이것은 ☐ 아니에요.

　　　訳 …これは ☐ ありません
　　　単語…홍차가（紅茶では）、제가（私では）
　　　　　　책이（本では）、비가（雨では）
　　　　　　고양이가（猫では）、눈이（雪では）
　　　　　　방이（部屋では）、교실이（教室では）
　　　　　　침대가（ベッドでは）

第3章 ● ９０３号室で

動詞の語幹＋(아요/어요)
~です、~ます の表現

CD 17
CD 18・19

소리: **내일 아침에는 몇 시에 일어나요?**
ソリ： 明日の　朝は　　　　何時に　　起きますか？

유리: **일곱 시 삼십 분에 일어나요.**
ユリ： 7時　　　30分に　　　起きます

세수와 양치질을 하고 아침을 먹어요.
洗顔と　　歯磨きを　　して　朝食を　　食べます

소리: **몇 시에 관광을 가요?**
ソリ： 何時に　　観光に　　行きますか？

유리: **아홉 시에 호텔앞에 버스가 와요.**
ユリ： 9時に　　　ホテル前に　　バスが　　来ます

소리: **관광은 얼마나 걸려요?**
ソリ： 観光は　　どのくらい　かかりますか？

유리: **오후 네 시까지 걸려요.**
ユリ： 午後の　　4時まで　　　かかります

66

第3章 ●９０３号室で

文法解説 ■ 基本文型をマスターしましょう

●―〜과/와 =〜と

日本語の助詞「〜と」は、韓国語では前の文字にパッチムがある時は과を、無い時は와を使います。使い分けの規則は、은/는や이/가の場合と逆になります。손과 발（手と足）、너와 나（君とぼく）のように関連した名詞を接続することが多いので、パッチムを連音化させる必要がないのでしょう。

また、会話の場合には、パッチムの有無に関係なく使える하고がよく使われます。

例 머리와 몸（頭と体）　　때와 장소（時と場所）
  사과와 배（リンゴと梨）　꽃과 비（花と雨）

●―〜을/를 =〜を

「〜を」は、〜을/를を使います。パッチムの有無による使い分けは、은/는や이/가の場合と同じく、パッチムがある時は을を、無い時は를を使います。後半のルの発音は非常に弱く를となる場合があります。

●〜고 = 〜して

動詞の語幹につけて、「〜して、〜してから、〜するし」という意味になります。2つの文をつなげるときによく使われる表現です。

例 옷을 입고 화장을 해요. (服を着て、お化粧をします)
　 청소를 하고 빨래를 해요. (掃除をして、洗濯をします)
　 청소도 하고 빨래도 해요. (掃除もするし、洗濯もします)

●〜에서 = 〜で、〜から

에（〜に）＋서（「所」と当て字）で、「〜に於いて」と動作が行われる場所を示したり、「〜から」と場所の起点を示したりします。

●〜까지 = 〜まで

時間・空間・数量・動作の限度を表します。

例 하나에서 열까지 (一から十まで、何から何まで)
　 아침부터 밤까지 (朝から晩まで)

※場所の起点の「〜から」は「〜에서」、時間や期間の起点の「〜から」は「〜부터」と覚えておきましょう。

第3章 ● ９０３号室で

● ― 動詞、形容詞は「다」を取った語幹に注目

　日本語では、日常の会話の中で動詞や形容詞が基本形（辞書に載っている形）で使われることもありますが、多くの場合、様々な語尾（注）を付けて表現されます。例えば、日本語の動詞「座る」は、「座ります」「座りましょう」「座るとき」「座れば」等々、様々に変化して会話文の中に存在します。単語特有の意味を表す語幹「座」に文法的機能を表す様々な語尾をつけて表現するのが一般的です。

　韓国語会話でも、日本語と同様に、語幹に様々な語尾をつけて表現します。「座る」という意味の**앉다**も、**앉아요**（座ります）、**앉으세요**（座りましょう）、**앉을 때**（座るとき）、**앉으면**（座れば）等々。語幹「**앉**」に、様々な語尾をつけて表現します。動詞と形容詞は、語幹と語尾に注目して、学んでいきましょう。

（注）正式な文法では、例えば「座ります」の場合、「り」の部分だけを語尾（活用語尾）といいます。しかし、本書では簡便な説明のために、「ります」（活用語尾を含んだ文節の区切りまで）を「語尾」と呼んでいます。

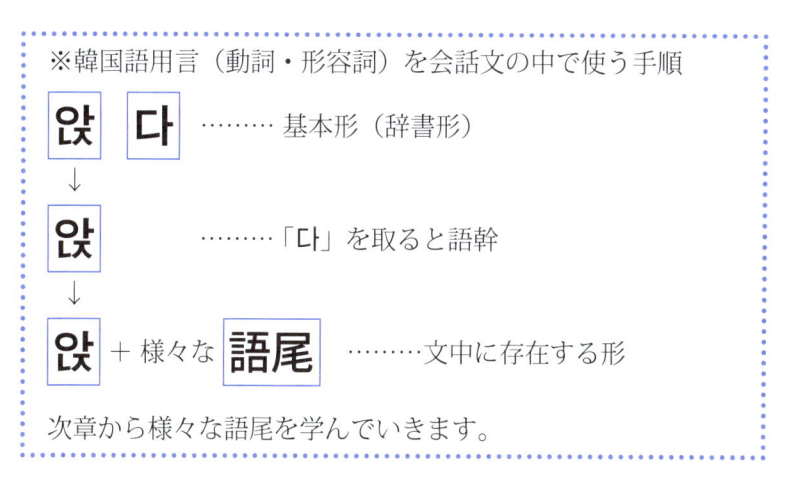

※韓国語用言（動詞・形容詞）を会話文の中で使う手順

앉 **다** ……… 基本形（辞書形）

↓

앉 ………「**다**」を取ると語幹

↓

앉 ＋ 様々な **語尾** ………文中に存在する形

次章から様々な語尾を学んでいきます。

69

● 〜아요/어요 ＝ 〜ます(動詞)、〜です(形容詞)

「例」は抜粋して収録しています（青文字）
CD 21

　〜아요/어요は動詞の語幹について「〜ます」という意味になります。また、形容詞の語幹について「〜です」という意味でも使います。日本語のです・ます調に語尾を整える働きがあります。最も一般的なヘヨ体の文末表現。基本的には、動詞や形容詞の語幹の最後の母音が陽母音（ト・ㅗ・ㅑ）の場合は아요を、その他の場合は어요を使いますが、아요/어요は母音終わりの語幹（＝パッチムのない語幹）につくと母音の省略や縮約がおこります。하다が해요になるのは変則です。代表的な動詞・形容詞の活用を覚えれば、あとは感覚で身についていくでしょう。

例　動詞、形容詞の基本形とヘヨ体の表現

動詞・形容詞	ヘヨ体の表現	補足
앉다 (座る) アンタ 알다 (わかる、知る) アルダ 좋다 (よい) チョタ 좁다 (狭い) チョプタ 먹다 (食べる) モクタ 없다 (ない、いない) オプタ	앉아요 アンザヨ 알아요 アラヨ 좋아요 チョアヨ 좁아요 チョバヨ 먹어요 モゴヨ 없어요 オプソヨ	語幹がパッチムで終わる場合は、語幹末尾の母音が陽母音（ト・ㅗ・ㅑ）か否かによって、아요または어요を付けます。
쉬다 (休む) シダ 뛰다 (跳ねる) ティダ	쉬어요 シオヨ 뛰어요 ティオヨ	語幹が母音ㅟ・ㅢで終わる場合は、어요を付けます。

第3章●９０３号室で

動詞・形容詞	ヘヨ体の表現	補足
가다 (行く) 일어나다 (起きる) 서다 (立つ) 펴다 (開く) 내다 (出す、払う) 세다 (数える)	가요 일어나요 서요 펴요 내요 세요	아・어が省略される形です。語幹がㅏ・ㅓ・ㅕ・ㅐ・ㅔの母音で終わる場合はこの形になります。つまり、語幹に요だけを付ければいい訳です。 例の他にも、사다 (買う)、타다 (乗る) などがこの形です。
오다 (来る) 보다 (見る) 배우다 (習う、学ぶ) 나누다 (分ける) 마시다 (飲む) 내리다 (降りる) 되다 (成る、できる)	와요 봐요 배워요 나눠요 마셔요 내려요 돼요 / 되어요	語幹末尾の母音と아・어が縮約されて複合母音になる形です。、語幹がㅗ・ㅜ・ㅣ・ㅚの母音で終わる場合がこの形になります。
하다 (する、やる) 감사하다(ありがたい、感謝する)	해요 감사해요	하다 (する) と、하다で終わる動詞・形容詞は하다の部分が해요に変化します。

※「～です・ます」のハムニダ体は、～습니다/ㅂ니다という表現になります。動詞・形容詞の語幹が母音で終わる場合は、語幹の最後の文字にㅂをパッチムとして付加し、니다を付けます。語幹がパッチムで終わる場合は、語幹に습니다を付けます (第11章ハムニダ体参照)。

例 하다 → 합니다　　가다 → 갑니다
　　좋다 → 좋습니다　　먹다 → 먹습니다

むりおと李先生の覚えるヒント

…学習した文末表現が３つになりました。頭の中で整理できてますか？

…少しこんがらがってきたので、表にして整理してみました。

文末	名詞＋이에요 名詞＋예요	名詞＋이/가＋ 있어요	語幹＋아요/어요 ＊母音省略・縮約有
意味	～です	～がいます、あります	～です、～ます
覚える鍵	～よ	～居存よ	

이에요も있어요も、もとを正せば「語幹＋아요/어요」の表現に含まれるのでしょうか。

…はい。이에요/예요の基本形は이다、있어요の基本形は있다ですね。이다の場合は規則どおりなら이어요→여요となるところですが、不規則活用で이에요になります。이에요も있어요もよく出てくる形ですから自然と覚えられると思います。では、むりおさん、今回も単語を覚えて行きましょう。

第3章 ● ９０３号室で

…では、今回の単語です。

■ 重要単語の学習　　　　　抜粋して収録しています　CD 22

<ruby>아침<rt>アチム</rt></ruby>（朝、朝食）＝あさめしを縮めてアチム。

<ruby>몇<rt>ミョッ</rt></ruby>（何、幾つの）＝몣の音から妙（不思議だ）→何、幾つか

<ruby>시<rt>シ</rt></ruby>（時間）＝시の漢字表記「時」から

<ruby>일어나다<rt>イロナダ</rt></ruby>（起きる）＝일（日）＋어（「於」と当て字）＋나다（出る）で「起きる」

<ruby>일곱<rt>イルゴプ</rt></ruby>（七つの）＝イルゴプの発音から「要るごぷ」→「要る月賦」→ 月賦支払の金が無い → 質屋へ → 七　と連想。

<ruby>삼십<rt>サムシッ</rt></ruby> <ruby>분<rt>ブン</rt></ruby>（30分）＝삼「三」＋십「十」＋분「分」。それぞれ漢字表記どおりです。

<ruby>세수<rt>セス</rt></ruby>（洗顔）＝漢字表記「洗手」から。

<ruby>와<rt>ワ</rt></ruby>（〜と）＝「和」と当て字。

<ruby>양치질<rt>ヤンチジル</rt></ruby>（歯磨き）＝양치「養歯」＋질（名詞について繰り返す動作や行動を表す）

<ruby>을<rt>ウル</rt></ruby> / <ruby>를<rt>ルル</rt></ruby>（〜を）＝平仮名の「る」を二重に書くと「を」のようになるところから。

<ruby>하고<rt>ハゴ</rt></ruby>（〜して）＝하다の語幹＋고の形

<ruby>관광을<rt>カンガンウル</rt></ruby> <ruby>가다<rt>ガダ</rt></ruby>（観光に行く）＝가다の他動詞的な使い方です。動作性の名詞の場合、에ではなく을 / 를を使います。

관광(観光) =관광の漢字表記「観光」から。

아홉(九つ) = 9から、ナイル川を連想→ナイル川は青くてふかい→アオプ。

호텔(ホテル) =発音のとおり。

버스(バス) =発音のイメージから。

오다(来る) =가다（行く）とともに発音から오가→「往来」と当て字。但し、日本語と往来の意味が逆転している。本文では、ヘヨ体の와요が掲載。

얼마나(どれくらい) =発音から、「おおまかに」を連想。

걸리다(かかる) =発音コロリ（コレラ）→（病などに）かかると連想。本文のように時間がかかる場合にも使います。

오후(午後) =오후の漢字表記「午後」より。

넷, 네(四つの) =発音から元素記号 ne（ネオン）を連想→ネヨン

과(〜と) =「加」と当て字。

第3章 ● ９０３号室で

손^{ソン}（手）＝手相と語呂あわせして

발^{パル}（足）＝발は발견^{パルギョン}「発見」、발달^{パルタル}「発達」など「発」と漢字表記することが多いので、「発」と当て字して、その場所から発つ交通手段のイメージで足を連想します。

너와 나^{ノワ ナ}（あなたと私）＝「恋の罠」と語呂合わせして覚えます。

하고^{ハゴ}（〜と）＝하고を「把伍」と当て字します。「〜して」は、하다の語幹＋고の形）

머리^{モリ}（頭、頭髪）＝머리の発音から「まげ」を連想し→頭髪→頭。あるいは、髪の毛をもるところから連想。

몸^{モム}（体）＝「体をもむ」と覚える。

때^{ッテ}（時間）＝「時」という漢字を当てます。

장소^{チャンソ}（場所）＝장소の漢字表記「場所」のとおり。

사과^{サガ}（リンゴ）＝「沙果」という漢字表記から。また、りんごをかじった歯ごたえからも連想できます。

배^ベ（梨）＝ベリーのべ、Pear の pe から連想。

〜고^{コ/ゴ}（〜して、〜だし、〜してから）＝「〜後」と当て字をする。

입다^{イプタ}（着る、履く）＝입「入」と当て字＋動詞의다→服に入る、着用する。

화장^{ハジャン}（化粧）＝漢字表記の「化粧」のとおり。

청소^{チョンソ}（掃除）＝漢字表記の「清掃」から

75

빨래 (洗濯) =빨は「速い」イメージ。これに「流」のイメージの래で、洗濯を連想。

에서 (〜で、から (場所)) =에 (〜に) +서 (「所」と当て字して)。

하나 (ひとつ) =日本語で一番先頭のことを鼻ということから

열 (十の) =発音のヨル→四六→足して十。

부터 (〜から) =部時と当て字して、時間の一部を区切るイメージ。時間の他に順序にも使う。

밤 (晩) =当て字「晩」から。

앉다 (座る) =あぐらのイメージ。

알다 (わかる、知る) = aru → wakaru。あるだ→あらたか（=明らか）→ わかる。

좋다 (良い) =ちょー (good) のイメージから。

좁다 (狭い) =発音のチョプタから、超満員の電車から降りて、「プーッと」息をはき、「ああ、狭かった」と語呂合わせ。

쉬다 (休む) =쉬다→酒飲し休息のイメージ。

뛰다 (走る、跳ぶ) =発音から「跳」のイメージ。

펴다 (開く) =펴を「広」と当て字+다。

내다 (出す) =내の「外へ、力強く」という意味から。または、「ねえ」と言って話をきり出すイメージから。

세다 (強い、数える) =세を「勢、歳」と当て字+다。

보다 (見る) =「望」と当て字する。

나누다 (分ける、配る) =ナンヌンダ（何人だ？）と訛って、何かを分ける時の問いかけから連想。

내리다 (下りる) =내리を（嶺から離れる、とあて字）＋다。

되다 (〜になる) =되を「遂に」の「遂」と当て字＋다。

하다 (する) =하다は代表的な動詞で自然と覚えられる。日本語の「〜する」と同様に様々な名詞について動詞・形容詞を作る。

감사하다 (ありがたい) =감사の漢字表記「感謝」＋하다で、感謝する。

●─練習してみましょう

⇨韓国語を日本語にしましょう

1行目が問題、2行目がヒント、3行目が答えになっています。各問、まず、2行目、3行目を隠して考えてみましょう。

[問1]　아침에 일어나서 청소를 해요．
　　　　ヒント…読みは、アチメ イロナソ チョンソルル ヘヨ
　　　　答　え…朝起きて、掃除をします。

[問2]　커피숍에서 커피를 마시고 화장을 해요．
　　　　ヒント…読みはコピショベソ コピルル マシゴ ハジャンウル ヘヨ
　　　　答　え…喫茶店でコーヒーを飲み、お化粧をします。

[問3]　월요일부터 금요일까지
　　　　ヒント…読みはウォリョイルブト　クミョイルカジ
　　　　答　え…月曜日から金曜日まで

> コラム(칼럼)

韓国の昔話

　韓国の昔話には、トッケビという妖怪がよく登場します。トッケビは日本語では「鬼」「小鬼」と訳されることが多いのですが、恐ろしいばかりではありません。まぬけで、親しみやすく、人間に悪さもしますが、富を分け与えたりします。日本では、桃太郎のように鬼退治をする昔話がありますが、韓国ではトッケビを退治する昔話はありません。

　トッケビが登場する昔話には、どのようなものがあるのでしょうか。いくつか、ご紹介しましょう。

『忘れんぼうのトッケビ』

　貧しい少年が、ある夜、子どものトッケビに出会い、お金を貸してくれと頼まれます。少年は、お金持ちの家で手伝いをして得た三文のお金を貸してあげます。翌日、トッケビは少年にお金を返しますが、翌日も、その翌日も、少年に三文のお金を返しに来ます。

『こぶ爺さんとトッケビ』

　ほっぺたに大きなこぶのあるお爺さんが、山で道に迷い、見つけた空き家で民謡を歌っていました。すると、まわりにトッケビが集まってきて「その歌は、大きなこぶから出てくるんだろう。そのこぶを売ってくれ」と言って、無理やりお金の詰まった袋を渡します。大金持ちになったお爺さん。となりの欲張り爺さんは、それを聞いて、次の夜、山の空き家で歌を歌います。しかし、トッケビたちに「この嘘つき爺さんめ、昨日のこぶを返してやる」と、もう片方のほっぺにこぶをくっつけてしまいました。

第4章 ● 携帯電話で

否定の表現（안~ / 지 않아요）

否定の表現は２種類あります。動詞・形容詞の前に「안~」を付ける方法と、「~지 않아요」の表現です。

소리: 여보세요, 나는 소리예요. 관광은 재미있어요?
ソリ: もしもし、(私は) ソリ (です) よ。　　　　観光は楽しいですか？

유리: 네, 한국 사람이 친절해서 좋아요.
ユリ: はい、韓国の 人が　　親切で　　楽しいです。

소리: 오늘은 창덕궁에 안 가요?
ソリ: 今日は　昌徳宮には　行きませんか

유리: 스케줄에는 창덕궁은 없어요.
ユリ: 行程（スケジュール）には 昌徳宮は ありません。

지금 점심을 먹고 선물만 살 거예요.
これから 昼食を食べて　お土産だけ 買う つもりです。

소리: 저녁에는 나와 만나지 않겠어요?
ソリ: 夕方に　　私と　会い　　ませんか

친구를 소개해 줄 게요.
友だちを　紹介します（してあげましょう）

第4章●携帯電話で

文法解説 ▌基本文型をマスターしましょう

●―～ (아/어) 서 = ～ので、～くて CD 26

　動詞・形容詞の語幹に아서/어서が付くと、理由や原因を表す「～ので」「～くて」という意味になります。「～です」「～ます」の意味の～아요/어요の「요」を「서」に置き換えた形です。아서/어서の使い分けも同じで、語幹の最後の文字の母音が陽母音か否かで決まります。陽母音（ト・ㅗ・ㅑ）の場合は아서、その他の場合は어서になります。語幹が母音で終わる場合は、省略や縮約が起こります。～아요/어요の場合の規則と同じですので、詳しくは、第3章の表で確認してください。本文では変則活用の해서が使われています。

例　가서（行くので）…가다の語幹＋아서→가아서
　　重複する母音の省略が起こります

　　밀려서（たまるので）…밀리다の語幹＋어서→밀리어서
　　縮約が起こります

　　많아서（多くて）…많다の語幹＋아서

　　해서（するので）…「～します」の해요の요を서に置き換えます

応用の表現
～아서/어서に그런지（グロンジ）を付加すると、「～からなのか」という意味になります。
例　날씨가 좋아서 그런지 기분이 좋아요（ナルシガ ジョアソ グロンジ キブニ ジョアヨ）．（天気が良いからなのか気分が良いです）

●―〜만 = 〜だけ、〜さえ

「〜だけ」と限定する場合は、만を使います。使い方も、日本語と変わりません。〜未満の「満」という漢字をイメージすると覚えやすいでしょう。

例 학생만 있고 선생님은 없어요.
（学生だけいて、先生はいません）

오전에만 시험을 봐요.（午前にだけ試験を受けます）

선물만 사겠어요.（お土産だけ買います）

※겠は意志を表す補助語幹です（第 7 章　意志、推量を表す項参照）。

● ～ㄹ/을 거예요 = ～でしょう、～するつもりです

거예요の原形は거다で、その語源は것（事）＋이다（断定の～である）です。直訳すると、「～する事である」となります。推量や意志という未来のことなので動詞・形容詞の語幹にㄹ/을（未来連体形の語尾）が付きます。ハムニダ体では～ㄹ/을 겁니다になります（未来連体形については第 10 章参照）。

例 9시 30분에 이륙할 거예요．（9 時 30 分に離陸します）

밤 11시부터 한국 드라마를 볼 거예요．
（夜 11 時から韓国ドラマを見るつもりです）

내일 도착할 거예요．（明日、到着するはずです）

숙제는 나중에 할 거예요．（宿題はあとでするつもりです）

※ 를のパッチムは非常に弱く発音されるため「ル」に近い発音になります。

読まれている例文は 89、90 ページにあります **CD 27**

●―안 ~ / ~ 지 않아요 = ~しません
　　　アン　　　　チ/ジ　ア　ナ　ヨ

「~しません」と否定をする場合は、2種類の表現があります。
1つは、動詞・形容詞の前に안（アン）をつける方法、もう1つは動詞・形容詞の語幹に지を付けて文末を~ 지 않아요（チ/ジ　ア　ナ　ヨ）とする方法です。会話の場合は、主に前者を、文書の場合は後者を使います。

例）안を付けて、否定する場合

　가요（行きます）　　→　안 가요（行きません）
　（カ ヨ）　　　　　　　　（アン ガ ヨ）

　추워요（寒いです）　→　안 추워요（寒くありません）
　（チュウォヨ）　　　　　（アン チュウォ ヨ）

　＊춥다（寒い）は語幹の形が変わる変則活用です。

例）~지 않아요で否定する場合

　가요（行きます）　　→　가지 않아요（行きません）
　（カ ヨ）　　　　　　　　（カ ジ ア ナ ヨ）

　추워요（寒いです）　→　춥지 않아요（寒くありません）
　（チュウォヨ）　　　　　（チュプチ ア ナ ヨ）

84

第4章 ● 携帯電話で

むりお と李先生 の覚えるヒント

🧑 …李先生、否定文を作る時の안~は英語に似た表現ですね。アンフェアとかアンマッチとか…。難しいのは、~지 않아요です。

👩 …まず、않아요の原形は않다（~ない）です。これは補助動詞・補助形容詞と呼ばれるもので単独では文を形成できません。だから、述語に動詞・形容詞の語幹と「~し」の意味の語尾지が必要になります。「~し」の意味の語尾には既に学習した고がありますが、고は動作の完了や並列の時に、지は否定や疑問の場合に使われます。

🧑 …「~し」＋「~ないです」で~지 않아요（~しません）になるわけですね。関西弁で「違うよ」を「ちゃんよ」と言いますが、発音と意味が似ています。類推して覚えられそうですね。では、この章で出た新しい単語を覚えていきたいと思います。 ※著者の地元の独特の方言かもしれません。

■ 重要単語の学習　　　　　　　　　　　　　　CD 28

여보세요 (もしもし) ＝여보 (≒よお) ＋세요 (〜ですか)。

재미있다 (面白い) ＝재미 (興味、楽しさ) ＋있다 (ある)

친절 (親切) ＝친절の漢字表記「親切」から。

오늘 (今日) ＝오다 (来る) ＋일 (日) で「今日」。来る日なら「明日」じゃないかって？　いいえ、日本語でも「来る日も来る日も」という時の日は、その日をさします。「明日」ではありません。

창덕궁 (昌徳宮) ＝ソウル市にある旧王宮。世界遺産。

스케줄 (スケジュール) ＝発音のとおり。

지금 (今) ＝지금の漢字表記「只今」より。

점심 (昼食) ＝점심の漢字表記「点心」より。

선물 (土産、贈り物) ＝선물の漢字表記「膳物」より。

만 (〜だけ、〜さえ) ＝漢字の「満」と当て字して「〜だけ」「〜さえ」を連想します。

거다 (〜だろう、〜のつもりだ) ＝〜ㄹ／을 거다の形で。「〜する意向だ」を縮めてルコダ。

저녁 (夕方、夕食) ＝저 (あの) ＋녁 (女＋ㄱ) →あの女口説くには夕方と覚えます。

만나다 (会う) ＝만を眼と当て字して、나다 (出る) を付けて、出てお目にかかる→会うと連想。

^{アンタ}
않다 (〜ない) ＝아니하다の縮約形。〜지 않아요で「〜しません」、「〜ではありません」

^{ゲッ}
〜겠〜 (〜だろう、〜しよう (意志、推量の補助語幹)) ＝何々だっけの「け」と覚える。

^{チング}
친구 (友だち) ＝これはもう外来日本語ですね。

^{ソゲ}
소개 (紹介) ＝소개の漢字表記「紹介」から。

^{ア　オ ジュルケヨ}
아／어 줄게요 (〜してあげましょう) ＝주다 (あげる) ＋ㄹ게요 (意志を表す)

^{ミルリダ}
밀리다 (たまる) ＝「밀 (小麦) を挽く裏では粉がたまる」と覚えます。

^{マンタ}
많다 (多い) ＝「満たん」のイメージで覚えます。

^{ナルシ}
날씨 (天気) ＝날 (日) ＋씨 (種) で、日の種類即ち天気です。

^{グロンジ}
그런지 (〜아서／어서に続けて「〜からなのか」) ＝그렇다 (そうだ) の語幹＋ㄴ지 (のか)。

^{キブン}
기분 (気分) ＝漢字表記「気分」のとおり。

^{ソンセン}
선생 (先生) ＝漢字表記「先生」から。

^{オジョン}
오전 (午前) ＝漢字表記の「午前」から。

^{シオム}
시험 (試験) ＝漢字表記「試験」から。または、本試の逆の「試本」と当て字して覚えても良い。

보다(受ける)=第3章では「見る」という意味を学んだが、日本語の「見る」と同様に色々な意味で使われる。本文の場合(ヘヨ体の봐요が使われている)、「受けとる」という意味だが、「見る」→「仕事を見る」→「引き受ける」→「受ける」と意味が派生していると覚える。

분(分)=분の漢字表記「分」から。

이륙(離陸)=漢字表記「離陸」から。

드라마(ドラマ)=드라마の発音のとおり。

숙제(宿題)=숙제の漢字表記「宿題」。

나중에(後で)=나다(生じる)の語幹+중(中)+에(に)→いずれ生じるの意味を連想。

第 4 章 ●携帯電話で

●—練習してみましょう

⇨日本語を韓国語にしましょう

1 行目が問題、2 行目がヒント、3 行目が答えになっています。各問、まず、2 行目、3 行目を隠して考えてみましょう。

[問 1]　私だけ食べません。
　　　　ヒント…発音はナマン アン モゴヨ（ナマン モㇰチ アナヨ）
　　　　答　え…나만　안　먹어요．（나만　먹지　않아요．）

[問 2]　宿題はありません。
　　　　ヒント…発音は、スㇰチェヌン オㇷ゚ソヨ
　　　　答　え…숙제는 없어요．（있지 않아요は使いません）

※居ません、ありませんの場合、「안　있어요」という表現は使わず「없어요」（いません、ありません）という表現を使います。

[問 3]　頭が痛くて、学校へ行きませんでした。　CD 27
　　　　（行きました＝갔어요）
　　　　ヒント…発音は、モリガ アパソ ハッキョエ アン ガッソヨ
　　　　答　え…머리가 아파서 학교에 안 갔어요．

89

[問 4]　人が多いからなのか暑いです。(暑いです：더워요)
　　　　ヒント…発音はサラミ マナソ グロンジ トウォヨ
　　　　答　え…사람이 많아서 그런지 더워요.

　　※덥다も춥다（寒い）と同様に語幹の形が変わる変則活用です

[問 5]　約束があるので、会いません。(안を使う場合)
　　　　ヒント…発音は、ヤゥソギ イッソソ アン マンナヨ
　　　　答　え…약속이 있어서 안 만나요.

[問 6]　約束があるので、会いません。(지 않다 を使う場合)
　　　　ヒント…発音は、ヤゥソギ イッソソ マンナジ アナヨ
　　　　答　え…약속이 있어서 만나지 않아요.

名前の呼び方

韓国では、丁寧に名前を呼ぶ時には、フルネームに씨（さん）をつけて、例えば한지민 씨（ハン・ジミンさん）のように呼びます。親しい人には、名前に씨（さん）をつけて、지민 씨（ジミンさん）のように呼ぶこともできます。しかし、韓国人の姓に씨（さん）をつけて、例えば한 씨（ハンさん）のように呼ぶと失礼になりますから気をつけましょう。

また、タメ口を使う相手の場合は、パッチムで終わる名前の場合は、－아をつけて、例えば、지민아（ジミナ）のように呼びます。
また、最後にパッチムのついていない名前の場合は、－야をつけて、例えば지수야（ジスヤ）のように呼びます。

第5章 ● 何をしているの

過去形と進行形（〜았어요/었어요、〜고 있어요）

過去形は語幹に았어요／었어요をつけますが、ヘヨ体の平叙表現から요をとり、ㅆ어요をつければ簡単に作れます。進行形は〜고 있어요という形で、日本語と全く同じ作り方です。

CD 29

CD 30・31

유리: **그런데 지금 뭐 하고 있어요?**
ユリ： ところで、 今、 何をして いますか

소리: **엄마하고 음악을 들으면서 공부하고 있어요.**
ソリ： お母さんと 音楽を 聴きながら 勉強をして います

유리: **어머님은 무슨 음악을 좋아하세요?**
ユリ： お母様は どんな 音楽が お好きですか

소리: **K - 팝을 아주 좋아해요.**
ソリ： Kポップを とても 好みます（K - ポップがとても好きです）

지난달에도 나와 같이 콘서트에 갔어요.
先月も 私といっしょに コンサートに 行きました

유리: **그래요? 부럽네요.**
ユリ： そうですか。うらやましいですね

文法解説 ■ 基本文型をマスターしましょう

●― 〜(으) 면서 = 〜しながら

　動詞の語幹に付けて動作が同時進行していることを表します。日本語の「〜しながら」「〜しつつ」です。語幹にパッチムがある時は、「〜으면서」を、パッチムが無い時は「면서」を使います。また、逆接の「〜するのに」「〜でありながら」という意味の使い方もあります。

例 밥을 먹으면서 신문을 봐요.
（ご飯を食べながら新聞を読みます）

영화를 보면서 울고 있어요.
（映画を観ながら泣いています）

●― 〜(으) 세요 = お〜になります(敬語の表現)

　韓国では、身内でも目上の人には敬語を使います。最も一般的な敬語の表現は、動詞の語幹に語尾 (으) 세요を付ける形です。

例 오사카에는 언제 오세요?
（大阪には、いついらっしゃいますか）

백화점에서 넥타이를 사세요.
（デパートでネクタイをお買い上げになります）

※動詞語幹末のパッチムの有無によって形がかわります。パッチムが無い時は、語幹＋세요、パッチムがある時は、語幹＋으세요となります。ハムニダ体の表現も含めて敬語については、第

11章で改めて学習します。

～고 있어요 = ～しています　CD 32

動詞の語幹に「～고 있어요」を付けると、「～しています」という意味になります。第3章で学習したとおり、「～고」は「～して」という意味ですし、「있어요」は同じく第2章で学習したとおり存在を表す「います」という意味です。2つの言葉をつなげて「～しています」という意味ですので、日本語と全く同じ文法だとわかります。　注）下記※参照

例　한국어를 배우고 있어요.（韓国語を習っています）

장관들이 회의를 하고 있어요.（大臣たちが会議をしています）

※花が咲いています（꽃이 피어 있어요）、座っています（앉아 있어요）等の状態の継続を表す形については、韓国語では動作の進行形と区別します。文型も「動詞語幹＋아 / 어＋있어요」になります。

～았어요 / 었어요 = ～しました　CD 33

過去形は、動詞の語幹末尾が陽母音（ㅏ・ㅗ・ㅑ）であるか否かによって形が変わります。陽母音の場合は動詞の語幹に「～았어요」を、その他の母音の場合は「～었어요」をつけて表現します。第3章で学習したヘヨ体の平叙表現「～아요 / 어요」（です、ます）と同じ規則によって、同じ母音の省略や縮約がありますが、日本語の音便のように発音しやすいように省略や縮約があるという理解でいいと思います。

例 택시를 탔어요.（タクシーに乗りました）

하루 종일 일했어요.（一日中、仕事しました）

머리가 아파서 병원에 갔어요.

（頭痛がして、医者に行きました）

공항에서 장동건을 봤어요.

（空港でチャンドンゴンを見ました）

큰 소리로 불렀지만 그 사람은 뒤돌아보지 않았어요.

（大声で呼んだけど、彼は振り向きませんでした）

  *큰 소리로…大きな声で
  *불렀지만…부르다（呼ぶ）＋ㅆ지만（〜たけど）：変則活用

第 5 章 ● 何をしているの

むりおと李先生の覚えるヒント

…李先生、今回は覚えなければいけない文法（文末表現）がいっぱい出てきました。これは、大変です。

…はい。では、順番に整理していきましょう。
まず、「～(으)면서」ですが、4 章で「～아서／어서」(～ので、から) という表現を学習しました。この表現の類似形として覚えてください。「～면」には、「～の場合」という意味がありますので、「～(으)면서」の「～しながら」という意味は感覚で導き出せると思います。
「～고 있어요」(～しています) は既に学習した表現の組み合わせですね。
「～았/었어요」の表現は「아／어」＋「ㅆ」＋「어요」(～ます) からなります。「ㅆ」のつく動詞には싸우다 (戦う) や썩다 (堕落する)、쏘다 (撃つ)、쏟다 (こぼす) 等、災いや過ちを表す語が多いことから、「ㅆ」は過去を表すと考えればいいと思います。
敬語の表現は、後の章で改めて学びましょう。

95

抜粋して収録しています　CD 34

면서^{ミョンソ} (しながら) ＝면を「面」と当て字して「〜する一面で」→「〜しながら」

그런데^{クロンデ} (ところで) ＝그런 (その) ＋데 (場所、時を現す)。音から (話題を) クローズして。

뭐하다^{モハダ} (何(を)する) ＝무엇 하다の縮約形。

엄마^{オムマ} (ママ) ＝ママが訛ってオムマ。

음악^{ウマク} (音楽) ＝음악の漢字表記「音楽」から。

듣다^{トゥッタ} (聞く、伝え聞く) ＝듣다の発音から「つた」→「伝え聞く」。本文の場合、語幹が「들」に変則活用している。

공부^{コンブ} (勉強) ＝공부の漢字表記「工夫」から勉強を連想。공부하다は「勉強する」。

어머님^{オモニム} (お母様) ＝어머니 (母) ＋님 (様)。

무슨^{ムスン} (何の、何か) ＝「何」という意味の「무엇」＋ㄴ (〜の)

좋아하다^{チョアハダ} (好む、好きだ) ＝チョア！(良い、素晴らしい) はCM等でなじみの感嘆詞。＋하다で「好きだ、良い」

팝송^{パプソン} (ポップス) ＝発音の通り。K팝 / J팝など팝だけでも使えます。

아주^{アジュ} (非常に) ＝아 (≒あっ) ＋주 (≒主) と当て字をします。→殊に、非常に。

지난달^{チナンダル} (先月) ＝지난は「過ぎた」＋달 (＝月)。

第 5 章 ● 何をしているの

콘서트 (コンサート) =音のとおり。

그래요 (そうです) =그 (その) +래 (「れで」と当て字)。本文では、疑問形で使われている。

부럽다 (うらやましい) =부の漢字表記「不」+러브 (ラブ＝愛) でうらやましいのニュアンス。

밥 (飯) =韓国のご飯料理ピピンバ (プ) のご飯の部分です。

신문 (新聞) =신문の漢字表記「新聞」より。

영화 (映画) =영화の漢字表記「映画」より。

울다 (泣く) =「うるうる泣く」のイメージ。

언제 (いつ) =언→어느 (どの) +제 (…の時に)。

세요 / 으세요 (～してください、～なさいます (敬語)) =세요の発音から「～せよ」→「～してください」。また、音のイメージから「～され」と連想。

넥타이 (ネクタイ) =넥타이の音のとおり。

한국어 (韓国語) =한국어の漢字表記「韓国語」の通り＝한국말

장관 (大臣) =장관の漢字表記「長官」から。韓国で長官というと、日本の大臣にあたります。

～들 (～達、～ら) =들を「等」と当て字。

회의 (会議) =회의の漢字表記「会議」から。

피다 (開く、咲く) =開くのひ (Ⅱ) から連想。

97

택시 (タクシー) =発音のとおり。

하루 (一日、ある日) =하 (≒한) +루 (≒일) で。

종일 (終日) =종일の漢字表記「終日」から。例文では、하루 종일と続けて発音するため、ジョンイルと濁って発音する。

일하다 (仕事をする) =일 (仕事) +하다 (する)。

아프다 (痛い、身体の調子が悪い) =うめき声のような音のイメージから。また、李成愛のカスマプゲ (胸が痛く) という歌から連想

♪가슴아프게 가슴아프게

병원 (病院) =병원の漢字表記「病院」から

공항 (空港) =공항の漢字表記「空港」から

부르다 (呼ぶ、招く、満腹だ) =発音から pull (引く) →呼ぶ。full (満) →満腹だと連想。

뒤돌아보다 (振り返る) =뒤 (後ろ) +돌아보다 (帰って見る)

第5章 何をしているの

●― 練習してみましょう

➡ 韓国語を日本語にしましょう

1行目が問題、2行目がヒント、3行目が答えになっています。各問、まず、2行目、3行目を隠して考えてみましょう。

[問1]　값이 싸서 많이 샀어요．
　　　　ヒント…読みは、カプシ サソ マニ サッソヨ
　　　　答　え…価格が安くて、たくさん買いました。

[問2]　야구를 보면서 기다리고 있어요．
　　　　ヒント…読みは、ヤグル ボミョンソ キダリゴ イッソヨ
　　　　答　え…野球を見ながら待っています。

第 6 章 ● 自己紹介

自己紹介の文例 ［第 5 章までの復習］

　ユリは、夕方、**소리**の友だちに会って自己紹介をします。波線部分を他の単語に置き換えることで、皆さんも自分自身の自己紹介文を作りましょう。

CD 35

CD 36・37

<ruby>안<rt>アン</rt></ruby> <ruby>녕<rt>ニョン</rt></ruby> <ruby>하<rt>ハ</rt></ruby><ruby>세<rt>セ</rt></ruby><ruby>요<rt>ヨ</rt></ruby>?　<ruby>처음<rt>チョウム</rt></ruby> <ruby>뵙겠습니다<rt>ペプケッスム ニ ダ</rt></ruby>.
こんにちは　　　　　はじめまして（初めてお目にかかります）

<ruby>저는<rt>チョヌン</rt></ruby> <u>마치다 유리</u><rt>マ チ ダ ユ リ</rt>라고 <ruby>해요<rt>ヘ ヨ</rt></ruby>. <u>대학생</u><rt>テアクセン</rt>이에요.
私は　　町田ゆり　　　と　申します　大学生です

<ruby>취미는<rt>チ ミ ヌン</rt></ruby> <u>여행</u><rt>ヨ エン</rt>이에요. <u>한국 드라마</u><rt>ハングク トゥラ マ</rt>도 <ruby>좋아해요<rt>ジョア ヘ ヨ</rt></ruby>.
趣味は　　旅行です　　　韓国ドラマも　　好きです

<ruby>매주<rt>メジュ</rt></ruby> <u>일요일</u><rt>イリョイル</rt>에는 <u>친구</u><rt>チング</rt>와 <u>아침</u><rt>アチム</rt>부터 <u>조깅</u><rt>ジョギン</rt>해요.
毎週　　日曜日には　　友達と　朝から　　ジョギングします

<ruby>잘<rt>チャル</rt></ruby> <ruby>부탁해요<rt>プ タ ケ ヨ</rt></ruby>.
よろしくおねがいします

100

第6章 ● 自己紹介

●─ 波線部分を自由に変えてみましょう

　前ページの「自己紹介の文例」にある波線（～～）の部分を以下の表現で言い換えてみましょう。

1. 職業など

　점원이에요（店員です）　　　주부예요（主婦です）
　회사원이에요（会社員です）　간호사예요（看護師です）
　공무원이에요（公務員です）　자영업자예요（自営業です）
　~에서 일하고 있어요（~で働いています）

2. 趣味など

　독서예요（読書です）　　　　노래예요（歌です）
　낚시예요（釣りです）　　　　드라이브예요（ドライブです）
　동네 야구예요（草野球です）　축구예요（サッカーです）
　영화 감상이에요（映画鑑賞です）　조깅이에요（ジョギングです）

3. 誰と

　우리 아이와（子どもと）　형제와（兄弟と）　아내와（妻と）
　선생님과（先生と）　　　동료와（同僚と）　어머니와（母と）
　여자 친구와（彼女と）　　남자 친구와（彼氏と）

4. 時間帯

　점심 때까지（昼まで）　　정오부터（昼から）
　저녁에（夕方に）　　　　다섯 시 삼십 분에（5時30分に）

101

밤에（夜に） 심야까지（深夜まで）

부터 = から
까지 = まで

5. 何をする

자고 있어요（寝ています） 학교에 가요（学校へ行きます）
데이트해요（デートします） 친정에 가요（実家に帰ります）
영화를 봐요（映画を見ます） 드라마를 봐요（ドラマを見ます）
골프를 쳐요（ゴルフをします） 놀아요（遊びます）
쇼핑을 하러 가요（買物に行きます）※文法解説参照
동네 야구를 해요（草野球をします）
입시 학원에 가요（塾に行きます）

第6章●自己紹介

文法解説 ■ 基本文型をマスターしましょう

CD 38

● ~ (으) 러 = ~しに、~するために

動詞の語幹に「러」または「으러」をつけると、「~しに」「~するために」という意味になります。語幹の最後の文字にパッチムが有る場合は「으러」、無い場合は「러」です。ただし、놀다ノルダのように ㄹ パッチムの場合は「러」です。

例 쇼핑을 하러 백화점에 갔어요.
ショピンウル ハロ ペカジョメ ガッソヨ
(買い物をしに百貨店に行きました。)

옷을 갈아입으러 갔어요.
オスル カライブロ ガッソヨ
(服を着替えに行きました)

むりおと李先生の覚えるヒント

…李先生、自己紹介は大切ですね。では、今回も、新しい単語の覚え方を考えていきます。漢字表記の単語がたくさんあるので、すぐ覚えられると思います。

103

■ **重要単語の学習** CD 39

<ruby>처음<rt>チョウム</rt></ruby>（初めて、最初）＝「<ruby>緒<rt>ちょ</rt></ruby>生む」と当て字をして覚えます。

<ruby>뵙겠습니다<rt>ペプケッスムニダ</rt></ruby>（お目にかかります）＝慣用句です。「ペーパー交わす（名刺交換）」と覚えます。

<ruby>마치다<rt>マチダ</rt></ruby>（終わる）＝音からマッチポイントをイメージ→（試合が）終わる。本文では、登場人物の名前として使用しています。

<ruby>라고<rt>ラゴ</rt></ruby>（〜と）＝「拉後」と当て字。拉は引くという意味→引用して。（前の単語がパッチムで終わる場合は）이라고となります）

<ruby>대학생<rt>テアクセン</rt></ruby>（大学生）＝대학생の漢字表記「大学生」から。

<ruby>매주<rt>メジュ</rt></ruby>（毎週）＝漢字表記「毎週」のとおり。

<ruby>조깅<rt>チョギン</rt></ruby>（ジョギング）＝조깅の音のとおり。

<ruby>잘<rt>チャル</rt></ruby>（上手に、よく）＝チャル→チャレンジ→挑戦して上手に

<ruby>부탁<rt>プタク</rt></ruby>（依頼、頼み）＝漢字表記「付託」から。

<ruby>점원<rt>チョモン</rt></ruby>（店員）＝漢字表記「店員」から。

<ruby>회사원<rt>ヘサウォン</rt></ruby>（会社員）＝漢字表記「会社員」のとおり。

<ruby>간호사<rt>カノサ</rt></ruby>（看護師）＝간호の漢字表記「看護」＋사「師」。

<ruby>자영업자<rt>チャヨンオプチャ</rt></ruby>（自営業者）＝漢字表記「自営業者」から。

<ruby>독서<rt>トクソ</rt></ruby>（読書）＝漢字表記「読書」のとおり。

<ruby>노래<rt>ノレ</rt></ruby>（歌）＝노래→述べる霊に →詩。本文では、カラオケなど歌をうたうこと全般の意味で노래を使いましたが、韓国語で

カラオケは가라오케です。

낚시 (釣り) =「釣りして針ナクシ」と覚えます。

드라이브 (ドライブ) ＝発音のとおり

동네 야구 (草野球) ＝동（洞）＋네（〜達）＋야구（野球）

축구 (サッカー) ＝漢字表記「蹴球」のとおり

영화 감상 (映画鑑賞) ＝漢字表記영화「映画」＋감상「鑑賞」

우리 (我々の) ＝吾等のイメージ

아내 (妻) ＝「姉さん女房」と語呂合わせで覚えます。韓国語では家族の呼び名が微妙にずれていて興味深いです。妻は아내で姉は언니で、兄が오빠で叔母が이모（妹＝古文で妻の意）で妻にもどってきます。

〜님 (〜さん、〜様) ＝発音のニムを組み合わせると、「云」→「〜という」→敬称を表す。

동료 (同僚) ＝동료の漢字表記「同僚」から。

여자 (女子、女性) ＝여자の漢字表記「女子」より。

<ruby>남자<rt>ナムジャ</rt></ruby>（男子）＝남자の漢字表記「男子」より。

<ruby>점심때<rt>チョムシムテ</rt></ruby>（昼ごろ、昼食時）＝점심（＝昼食）＋때（＝時）

<ruby>정오<rt>チョンオ</rt></ruby>（正午）＝정오の漢字表記「正午」から。

<ruby>다섯<rt>タソッ</rt></ruby>（五つ、五人）＝다（＝全部の）＋섯ではないが似ている文字「손（手）」→五本の指

<ruby>심야<rt>シミャ</rt></ruby>（深夜）＝漢字表記「深夜」のとおり。

<ruby>자다<rt>チャダ</rt></ruby>（寝る、眠る）＝자の音から「睡」のイメージ＋다（動詞の語尾）

<ruby>데이트<rt>テイトゥ</rt></ruby>（デート）＝데이트の音のとおり。

<ruby>친정<rt>チンジョン</rt></ruby>（実家）＝친정の漢字表記「親庭」から。（既婚の女性の実家と言う意味でしか使いません。未婚の女性や男性が自分の実家という意味で使うことはありません。）

<ruby>골프<rt>コルプ</rt></ruby>（ゴルフ）＝音のとおり。골프를 치다 でゴルフをする。

<ruby>놀다<rt>ノルダ</rt></ruby>（遊ぶ）＝놀다の音から、野良のイメージ。

<ruby>쇼핑<rt>ショピン</rt></ruby>（買い物）＝쇼핑の音のとおり、ショッピング。

<ruby>입시<rt>イプシ</rt></ruby>（入試）＝입시の漢字表記「入試」のとおり。

<ruby>학원<rt>ハゴン</rt></ruby>（専門学校、予備校、塾）＝학원の漢字表記「学院」より。

<ruby>갈아입다<rt>カライプタ</rt></ruby>（着替える）＝갈다（変える）＋입다（着る）

～<ruby>(으)러<rt>ウ ロ</rt></ruby>（～しに、～するために）＝発音から船の艫をイメージ。

コラム(칼럼)

韓国語で歌ってみよう (韓国民謡から)

도라지 (桔梗)

도라지 도라지 백도라지 심심산천의 백도라지
　桔梗　　　桔梗　　　白桔梗　　深い深い山川の　　白桔梗

한두 뿌리만 캐어도 대바구니로 반실만 되누나
ひとつ二つの根だけ掘っても　竹かごに　　半分にもなるね。

※ 에헤요 에헤요 에헤애야 어여라난다 지화자 좋다
　　えへよ　　えへよ　　えへえや　オヨラナンダ　チワジャ　いいぞ

저기 저 산 밑에 도라지가 한들한들
あそこ あの山の下に　桔梗が　　　ゆらゆら

도라지 도라지 백도라지 은율 금산포 백도라지
　桔梗　　　桔梗　　　白桔梗　　殷栗、金山浦　　白桔梗

한 뿌리 두 뿌리 받으니 산골에 도라지 풍년일세
一株　　二株　　もらったから　山里で　桔梗が　豊年だよ

　※くりかえし

도라지 도라지 백도라지 강원도 금강산 백도라지
　桔梗　　　桔梗　　　白桔梗　　江原道、金剛山　　白桔梗

도라지 캐는 아가씨들 손맵시도 멋들어 졌네
桔梗を　掘っている　娘さんたちの　手の仕草も　綺麗だね

※くりかえし

！読解のポイント

캐어도…캐다（掘る）＋ 어도（語尾。〜（し）ても）
반실만…半分まで
어여라난다 지화자…「えんやこらさ」「どっこいしょ」といった掛け声のようなもの
받으니…받다（受ける、もらう）＋ 으니（原因・理由を表す語尾）
일세…이다（〜である）＋ ㄹ세（断定の語尾、〜だよ）

　トラジ（도라지）の歌は朝鮮半島に古くから伝わる民謡です。「アリラン」と並ぶ二大朝鮮民謡で、どちらも基本的には三拍子です。トラジは桔梗のことで、朝鮮半島では北部の山野に比較的多く自生する多年草です。初秋に幅のひろい白の花びらをもった花が咲きます。白いトラジは薬草ともなり、ゴボウ状の根は食用ともなります。漢方薬にする為に山へトラジをとりにいくときに女性たちが歌った歌だそうです。また、亡き恋人を偲ぶ歌だという説があります。

第7章 ● 今日の予定

未来の表現（〜기로 해요 / 했어요、〜ㄹ / 을 예정이에요）

「〜することにしましょう」という約束や勧誘は〜기로 해요、「〜することにしました」は〜기로 했어요、「〜する予定です」は、〜（ㄹ/을）예정이에요と表現します。

주장: **나는 소리의 사촌 주장이라고 해요. 잘 부탁해요.**
チュジャン：ぼくは ソリのいとこの チュジャン です。よろしく。

대학원에서 한국 문학을 전공하고 있어요.
大学院で 韓国 文学を 専攻して います。

오늘 밤은 뭐 하실 예정이에요?
今晩は 何(を) される 予定ですか。

유리: **저녁 밥을 먹고 쇼핑할 예정이에요.**
ユリ： 夕飯を 食べて ショッピングをする 予定です。

주장: **괜찮으시면 우리하고 먹으러 가지 않겠어요?**
チュジャン：よろしければ ぼくたちと 食べに 行き ませんか？

삼계탕이 맛있는 가게를 알고 있어요.
参鶏湯が おいしい 店を 知って います。

109

유리: 가고 말고요. 어느 가게죠?
ユリ： 行きますとも　どこの　お店ですか

주장: 명동에 있어요.
시간이 있으니까 걸어가기로 해요.

チュジャン：明洞にあります。時間が　あるので　歩いて行くことにしましょう

소리: 미안해요. 일이 있어서 나중에 택시로
가겠어요.

ソリ： ごめんなさい。用事が　あって　後で　タクシーで　行きます。

혹시 좀 늦을지도 모르지만 기다려 주세요.
もしかして　少し　遅れるかも　しれませんが　待っていて　ください

文法解説 ■ 基本文型をマスターしましょう

● ～ (ㄹ/을) 예정이에요 ＝
～する予定です

「～する予定です」という表現は、動詞の語幹にパッチムがある場合は「～을 예정이에요」、パッチムが無い場合は「～ㄹ 예정이에요」を使います。예정は漢字表記「予定」で「ㄹ/을」は動詞を未来連体形にする語尾です（第 10 章参照）。

例 내년 봄에 출판될 예정이에요.
（来年春に出版される予定です）

언제 오실 예정이에요？（いついらっしゃる予定ですか）

※오실の -시- は、尊敬を表す補助語幹です。（第 11 章参照）

● 괜찮으시면 ＝ よろしければ（慣用句）

괜찮다（大丈夫、構わない）を敬語にすると괜찮으시다。この語幹に으면（〜の場合）をつけて、괜찮으시면となります（〜(으)면については第 8 章 仮定の表現参照）。

● ～겠～ ＝ 意志、推量を表す（補助語幹）

「겠」は下記の例のように、意志や推量の意味を添加します。

例 제가 들겠어요.（私が持ちましょう）

나는 뒤돌아보지 않겠어요.（私は振り返らないでしょう）

※「겠」に続く「아요／어요」（です・ます）ですが、推量を表す場合は、しばしば「지요」を使います。

● ～(으)로＝ ～で、～へ（手段や道具、方向）

　本文では택시로（テクシロ）と手段を表していますが、例のように道具や方向を表す時にもよく使います。前の単語の末尾にパッチムが無い場合は「로」を、パッチムが有る場合は「으로」を使います。（但し、ㄹパッチムの場合は例外で、「로」を使います）

例　발로 차요．（足で蹴ります）

　도서상품권으로 잡지도 사요．（図書券で雑誌も買います）

　앞으로 나오세요．（前へ出てください）

● ～(으)니까＝ ～ので、～すると（原因、理由など）

　～するから、～だからといった原因・理由を表す接続語尾です。～したが、～したらといった後に続く文の前置きを表す場合もあります。語幹の最後の文字にパッチムがある場合は「으니까」、無い場合は「니까」です。

CD 44

● ～기로 해요＝～することにします（勧誘、約束）
　～기로 했어요＝～することにしました（決定）

　動詞の語幹に「～기로 해요」を付けると勧誘や約束を表す「～(する)ことにします/しましょう」という意味になります。過去形にすることで、決定を表します。기로は名詞化語尾「기」に、決定・決心

112

を表す助詞「로」がついたものです。

例 중국을 여행하기로 해요.（中国を旅行することにしましょう）

술을 안 마시기로 했어요.（お酒を飲まないことにしました）

※「〜기로 해요」とよく似た表現に「〜(으)려고 해요」があります。「〜しようとする」「〜しようと思う」という意味です。前の動詞の語幹にパッチムがある場合は「으」を付けます。

● 〜(ㄹ/을)지도 몰라요 = 〜かもしれません（可能性）

本文では「〜지도 모르지만」と「〜かもしれませんが」と前提を表す表現が加わっていますが、「〜(ㄹ/을)지도 몰라요」で可能性を表す「〜かもしれません」になります。「ㄹ/을」の使い分けはパッチムの有無によって決まります。ハムニダ体では、몰라요が「모릅니다」になります。

例 그는 있을지도 몰라요.（彼はいるかもしれません）

사람들이 많을지도 몰라요.（人々が多いかもしれません）

● ～ (아/어) 주세요 ＝ ～してください

依頼の表現は「～ (아/어) 주세요」(～してください) を使います。動詞の語幹が陽母音 (ㅏ・ㅗ・ㅑ) の場合は「～아 주세요」、その他の場合は「～어 주세요」を付けて表現します。第3章で学習した「～아요／어요」(です、ます) と同じく、母音の省略や縮約があります。

例 이걸 사 주세요. (これを買ってください) ※「아」の省略例

빨리 와 주세요. (早く来てください) ※「아」の縮約例

第7章 ● 今日の予定

むりおと李先生の覚えるヒント

🧑…李先生、意志を表す表現は日本語と同じく強弱があるのですね。今回は、「지 않겠어요?」(〜しませんか)という表現と「〜(아/어) 주세요」(〜してください)という表現が出てきました。

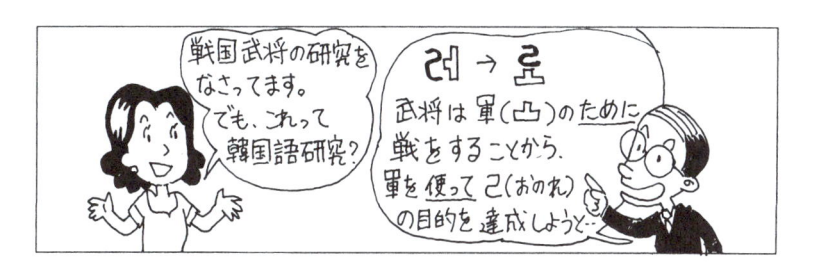

👩…その中間的な表現として「〜(ㅂ/읍) 시다」または「〜 자」(〜しましょう)という表現もありますが、今回は、「〜しませんか?」「〜してください」の表現を覚えてください。「〜지 않」が「〜しない」という意味で、「겠」は意志を表すことを既に学習しました。「지 않겠어요?」は、それを組み合わせた表現ですね。「주세요」は、「授せよ」と当て字して覚えればどうでしょう。

🧑…李先生もこじ付けがうまくなりましたね。「我に〜して授けよ」のイメージですね。

```
戦国武将の研究を
なさってます。
でも、これって
韓国語研究?

러 → 료
武将は軍(凸)のために
戦をすることから、
軍を使って己(おのれ)
の目的を達成しようと…
```

👩…イメージで覚えることも大切ですね。予定を表す「예정이에요」と決定を表す「〜기로 해요」はそれぞれの文型の解説に覚えるヒントを記載しました。「〜지도 모르지만」は

115

지도が「〜するかも」で、몰라요は모르다（知らない、わからない）のヘヨ体の「です・ます形」です。

…「〜するかもわかりません」で、「〜かもしれません」という意味なのですね。では、新しい単語を順に見ていきます。

■ 重要単語の学習　　　　　抜粋して収録しています　CD 45

의（〜の（所有））＝帰依するの「依」のイメージ。

사촌（いとこ）＝사촌の漢字表記「四寸」より。いとこは四親等なので。

대학원（大学院）＝대학원の漢字表記「大学院」から。

문학（文学）＝문학の漢字表記「文学」のとおり。

전공（専攻）＝전공の漢字表記「専攻」から。

예정（予定）＝예정の漢字表記「予定」から。

괜찮다（大丈夫だ、構わない）＝괜찮（頑健のイメージ）＋다。

삼계탕（参鶏湯）＝音のとおり。

맛있다（おいしい）＝맛（味）＋있다（ある）。

말고요（勿論〜です）＝말の発音から句点「。」→文の終わり＝止める。さらに、文句を止めることから「勿論〜だ」。

죠（〜ましょう、でしょう、ますか、ですか（語尾））＝지요の縮約形。音の感覚から。

명동（明洞（地名））＝発音のとおり。

第7章 ● 今日の予定

시간 (時間) =시간の漢字表記「時間」より。

~(으)니까 (~ので、~すると) =原因と致ることを示すので、ニッカド原致（でんち）と覚える。

걸어가다 (歩いて行く) =걸어（걷다（歩く）の連用形）＋가다

기로 (~することに) =기（＝気）＋로（~で）→~する気で。

미안하다 (すまない) =미안の漢字表記「未安」＋하다（形容詞を作る）

일 (一、日、仕事、用事) =일の漢字表記「日」から。日→仕事を連想。

로/으로 (~で（道具、材料、方向、原因等）) =迂路（回り道→回路→~を使って）のイメージ。

혹시 (もしも、万一) =혹시の漢字表記「或是」から。または、語感が日本語の「もし」に似ているところから。

좀 (ちょっと) =좀の発音から連想。

늦다 (遅い、遅れる) =늦다の発音からナックルボールを連想→遅い。または、語感から「のろい」と連想。

모르다 (知らない、わからない) =모（「盲」と当て字）＋알다（わかる）で「わからない」。

기다리다 (待つ) =期待＋리다（意志・推量の助動詞）のイメージ

주세요 (ください) =주세요を「授せよ」と当て字。

내년（来年）=漢字表記「来年」のとおり。

봄（春）=畓（田んぼ）に물（水）で、春のイメージ。

출판되다（出版される）=漢字表記「出版」+되다（受動を表す）

제（私）=저（私）、내（私）を足して2で割ったイメージ。

들다（持つ）=発音から「取る、手に取る」のイメージ。

개다（晴れる）=개は「快晴」の快と当て字します。動詞の다をつけて、快晴になる。

도서상품권（図書券）=漢字では「図書商品券」。

중국（中国）=漢字表記「中国」のとおり。

술（酒）=술の音のイメージから。

~(으)려고（~しようと）=「려」は思慮の「慮」という字を当てます。+고で「~しようと」

이걸（これを）=「이것을」（これを）の縮約形。

빨리（速く）=빨리の音のイメージから。または、빠르다（速い）の副詞形として覚えます。

第 7 章 ● 今日の予定

パソコでの ハングルの入力

韓国語を入力するためのパソコンの設定
方法を説明します。（機種・ＯＳで異なります）
①スタートボタンをクリックし「コントロールパネル」を表示。
②「地域と言語」を選択し、「キーボードと言語」タブにある
「キーボードの変更」をクリック。
③「追加」をクリックし「韓国語」「MicrosoftIME」にチェックを入れる
④コントロールパネルを閉じる。　韓国語を入力する時は、画面右下の
「ＫＯ」をクリック、日本語に戻す時は再度クリックし「ＪＰ」を選ぶ

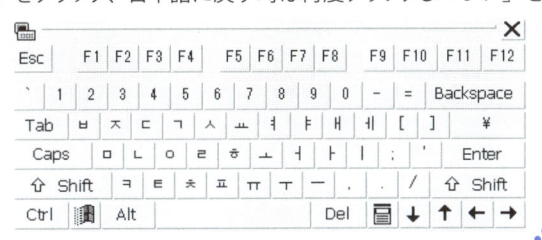

Esc	F1	F2	F3	F4	F5	F6	F7	F8	F9	F10	F11	F12
`	1	2	3	4	5	6	7	8	9	0	-	=	Backspace
Tab	ㅂ	ㅈ	ㄷ	ㄱ	ㅅ	ㅛ	ㅕ	ㅑ	ㅐ	ㅔ	[	]	¥
Caps	ㅁ	ㄴ	ㅇ	ㄹ	ㅎ	ㅗ	ㅓ	ㅏ	ㅣ	;	'	Enter
⇧ Shift	ㅋ	ㅌ	ㅊ	ㅍ	ㅠ	ㅜ	ㅡ	,	.	/	⇧ Shift
Ctrl		Alt				Del		↓	↑	←	→

※濃音は「Shift」+「ㄱ」→「ㄲ」のように入力
※「Shift」+「ㅐ」→「ㅒ」
　「Shift」+「ㅔ」→「ㅖ」

カチャカチャ

ㅍㅣㅅㅣ

ハングルでも
英字との切りかえを
つい、忘れちゃう

119

●― 練習してみましょう

⇨ 韓国語を日本語にしましょう

１行目が問題、２行目がヒント、３行目が答えになっています。各問、まず、２行目、３行目を隠して考えてみましょう。

[問1]　여름 방학에는 뭐 할 예정이에요?
　読み…ヨルムパンアゲヌン モ ハル イェジョンイエヨ
　答え…夏休みには何をする予定ですか

[問2]　청소를 하기로 했어요.
　読み…チョンソルル ハギロ ヘッソヨ
　答え…掃除をすることにしました。

⇨ □ の中に下の単語を入れて、文を作りましょう

[問1]　다음 주에　출발□　□
　　　　タウム チュエ　チュルバル

　単語…할、예정이에요?（来週、出発の予定ですか?）
　　　　ハル　イェジョンイエヨ
　単語…할、예정이세요?（来週、出発のご予定ですか?）
　　　　ハル　イェジョンイセヨ
　単語…하기로、해요?（来週、出発することにしますか?）
　　　　ハギロ　ヘヨ
　単語…하기로、할까요?（来週出発することにしましょうか?）
　　　　ハギロ　ハルカヨ
　単語…할지도、모르지만（来週、出発するかもしれませんが）
　　　　ハルチド　モルジマン
　単語…할지도、몰라요.（来週、出発するかもしれません）
　　　　ハルチド　モルラヨ
　単語…해、주세요.（来週、出発してください）
　　　　ヘ　ジュセヨ

　　＊「～ㄹ까요」は、「～しましょうか」、「～でしょうか」といった意味の文末表現です。

第8章 ● 韓国料理店でⅠ

必要の表現（〜(아/어)야 해요）

「〜しなければなりません」という義務・必要の表現を学びます。

유리: 주장 씨는 내년에도 연구를 계획하고 있어요?
ユリ： チュジャンさんは 来年も 研究を 計画していますか

주장: 아니요, 내년에는 취업을 해야 해요.
チュジャン：いいえ、来年は 就職を しなければなりません。

소리: 입사 시험에 붙으면
　　　주장이는 일본 회사에 취업할 예정이에요.
ソリ： 入社試験に受かったら チュジャンは 日本の会社に 就職する予定です。

　　　그래서 주장이는 지금 일본 애인을 찾고 있어요.
　　　だから チュジャンは 今 日本人の 恋人を 募集中 です

주장: 뭐？
チュジャン：えっ？

121

소리: 농담이에요. 하지만 주 장 이와 유리는
　　　잘 어울리는 커플이라고 생각해요.

ソリ：　冗談よ。でも、チュジャンと ユリは お似合いのカップルだと 思いますよ。

*주장이の이はパッチムのある人名について語調を整える働きをしています。

文法解説 ■ 基本文型をマスターしましょう

● ～(으) 면 = ～すれば (仮定の表現)

　動詞の語幹に「(으) 면」を付けると、「～すれば」「～する場合」という仮定の表現になります。パッチムが有る場合は「으」を付けます。

例 겨울이 되면 추워요. (冬になると寒いです)

　기침이 나면 약을 먹어요. (咳が出れば薬を飲みます)

*추워요は춥다のヘヨ体。(変則活用)

122

● ～(ㄹ/을) 때 = ～する時、～する場合

動詞の語幹に「～(ㄹ/을) 때」を付けると、「～する時」「～する場合」という仮定・前提の意味になります。

例 오지 않을 때（来ない場合）　잘 때는（眠る時は）

＊잘は자다（眠る）の未来連体形です。

● ～(아/어) 야 해요 = 〜しなければなりません、〜しないと駄目です

動詞の語幹に「(아/어) 야 해요」を付けると、「〜しなければなりません、〜しないと駄目です」という意味になります。語幹の末尾が陽母音の場合は「아」を、それ以外の場合は「어」を使います。야は、日本語の「要」のようなイメージです。야（≒要）＋해요（します）で、「〜を要する」→「〜しなければならない」と連想できます。해요の代わりに「돼요」を使うこともあります。

例 약을 먹어야 해요.（薬を飲まなければなりません）

교과서를 읽어야 해요.（教科書を読まなければなりません）

이사를 해야 해요.（引っ越しをしなければなりません）

약속을 지켜야 해요.（約束を守らなければなりません）

＊하다（する）の場合は変則（陽母音・陰母音の区別の例外）で、上記のように「해야 해요」になります。

むりお と李先生 の覚えるヒント

…李先生、今回出てきた文型を覚える3つの漢字を思いつきました。「面」「時」「要」です。

…「面」「時」「要」？

…はい。まず、「〜すれば」の仮定の表現「면」には「面」という漢字を当てます。「面」は、日本語でも「ある面で」「反面」というように仮定・条件の意味で使う漢字だからピッタリです。

次に、「〜する時・〜する場合」の때には「時」、義務・必要の表現の「야」には「要」を当て字します。発音が似ているし、イメージどおりです。

…なるほど、いい漢字を思いつきましたね。今回は、改めて日本語と韓国語は似ているんだと実感します。それでは、他の新出単語も、日本語との共通点を意識しながら見ていきましょう。

第8章 ● 韓国料理店で1

■ 重要単語の学習　　　　　抜粋して収録しています　CD 50

씨 ^シ（〜氏、〜さん、種子）＝씨の漢字表記「氏」から。種のイメージ。

연구 ^{ヨング}（研究、工夫）＝연구の漢字表記「研究」から。

계획 ^{ケウェク}（計画）＝계획の漢字表記「計画」から。

취업 ^{チオプ}（就職、就業）＝취업の漢字表記「就業」から。

면 ^{ミョン}（表面、顔、〜れば）＝면を「面」と当て字して。

입사 ^{イプサ}（入社）＝입사の漢字表記「入社」。

붙다 ^{ブッタ}（付く、合格する）＝「付」のイメージ。

회사 ^{ヘサ}（会社）＝회사の漢字表記「会社」から。

그래서 ^{クレソ}（だから、それで）＝그렇다（そうだ）＋서（處＝処）。

애인 ^{エイン}（恋人）＝애인の漢字表記「愛人」から。日本語とは少し意味が異なりますね。

찾다 ^{チャッタ}（探す、訪ねる、取り戻す）＝漢字表記はありませんが、「探」のイメージで覚えます。

뭐 ^モ（何、何だって）＝무엇の縮約形。

농담 ^{ノンダム}（冗談）＝농담の漢字表記「弄談」より。弄は「もてあそぶ」の意。

하지만 ^{ハジマン}（しかし、けれども）＝直訳すると、「するけど」。

125

어울리다 (調和する、ふさわしい、似合う) =「-리다」は意志を表す語尾。オール意志で, ふさわしい。本文では連体形の어울리는が使われている。

커플 (カップル) =音の通り。

겨울 (冬) =冬になれば居得る（冬は住まいがないと寒いので）

기침 (咳) =기 (=気) +침 (=つば) →つばの出る息で咳。

약 (薬) =약の漢字表記「薬」のとおり。

교과서 (教科書) =교과서の漢字表記「教科書」のとおり。

읽다 (読む) =일 (仕事) に ㄱ (≒句) +다で「句仕事をする」→「読む」

이사 (引っ越し) =이사の漢字表記「移徙」から。

약속 (約束) =약속の漢字表記「約束」より。

지키다 (守る) =지키 (地基のイメージ) +다。基地を守る

ハングル文字と漢字を対応させるのが、ミソですね

第8章●韓国料理店で I

●― 練習してみましょう

⇨韓国語を日本語にしましょう

　1行目が問題、2行目がヒント、3行目が答えになっています。各問、まず、2行目、3行目を隠して考えてみましょう。

[問1]　기침이 나면 약을 먹어야 해요.
　ヒント…読みは、キチミ ナミョン ヤグル モゴヤ ヘヨ
　答　え…咳が出たら、薬を飲まなければなりません。

[問2]　4시가 되면 창문을 닫아야 해요.
　ヒント…読みは、ネシガ デミョン チャンムヌル タダヤ ヘヨ
　答　え…4時になると、窓を閉めなければなりません。

⇨ ▢ を埋めて韓国語の文を完成させましょう

[問1]　택시로 ▢ 빨라요.（タクシーで行けば、速いです）
　答え…택시로 가면 빨라요.
　　　　テクシロ　ガミョン　パルラヨ

먼저！
（お先に！）

기다려！
（待って！）

127

第9章 ● 韓国料理店でⅡ

可能、不可能の表現(〜ㄹ/을 수 있어요)他

〜できる、〜できないという可能・不可能の表現を学びます。

주장: **소리야 농담하지 마.**
　　　ソリヤ ノンダマジ マ

チュジャン：ソリ、冗談はやめてよ。

그런데 유리 씨는 한국어를 잘하시네요.
クロンデ ユリ シヌン ハングゴル チャラシネヨ
언제부터 배우셨어요?
オンジェブト ペウショッソヨ

ところで、ユリさんは、韓国語がお上手ですね。いつから 習われましたか。

유리: **이 년 동안 배웠어요. 하지만 아직 잘 못 해요.**
　　　イ ニョン トンアン ペウォッソヨ ハジマン アジク チャル モ テヨ

ユリ： 2年　の間　習いました。　だけど、　まだ うまく できないです

주장: **한국의 어디를 가 보고 싶으세요?**
　　　ハングゲ オディル カ ボゴ シプセヨ

チュジャン：韓国の　どこに　行って　み　たいですか

유리: **수원에 가 보고 싶어요.**
　　　スウォネ カ ボゴ シポヨ

ユリ： 水原（スウォン）に 行って み たいです

128

第9章●韓国料理店でⅡ

그렇지만 이번에는 시간이 없어서 갈 수 없어요.
けれど、今回は 時間が なくて 行くことが できません

주장 : 그러면 다음 번에는 꼭 수원에 가요.
チュジャン：それでは、次回には きっと 水原へ 行きましょう

나는 수원을 잘 알아요. 안내할 수 있어요.
ぼくは 水原を よく 知っています。案内する ことが できますよ

文法解説 ▮ 基本文型をマスターしましょう

●─ ～의 = ～の

「～の」という所有を表す時は「～의」を使います。「의」の発音は、助詞として使われる場合は「에」となりますので、注意が必要です。「私の」という場合は「나의」とその縮約形の「내」の両方を使います。

例 나라의（国の） 극장 앞의（映画館の前の）

친구의（友達の） 친척의（親戚の）

● ～고 싶어요 ＝ ～したいです　CD 54

「～したいです」という欲求の表現は「～고 싶어요」になります。「～고 싶은데요」(～したいのに、～したいのですが) などの表現とともにKポップ等でよく使われます。格式的なハムニダ体では「～고 싶습니다」となります。

例 당신과 인생을 함께 하고 싶어요.(あなたと人生を共にしたいです)

소포를 보내고 싶은데요. (小包を送りたいのですが)

例文は抜粋して収録しています　CD 55

● ～ㄹ/을 수 있어요 ＝ ～できます

動詞の語幹に「～ㄹ/을 수 있어요」を付けると、「～することができます」という可能の表現になります。「ㄹ/을」の使い分けは、パッチムがある場合は「을」、無い場合は「ㄹ」になります。

例 일본 돈을 쓸 수 있어요.(日本のお金を使うことができます)

카드를 쓸 수 있어요? (カードを使うことができますか)

第9章 ● 韓国料理店で II

●―― 못〜、〜ㄹ/을 수 없어요＝〜できません

　本文では、不可能の表現として「못〜」と「〜ㄹ/을 수 없어요」の表現が出てきました。「못〜」の方は、動詞の前に副詞の못を付けて「하지만 아직 잘 못 해요」となっています。「〜ㄹ/을 수 없어요」の表現は、可能の表現「〜ㄹ/을 수 있어요」の「있」を「없」に置き換えた形です。

例 못 가요 または 갈 수 없어요（行くことができません）

　못 먹어요 または 먹을 수 없어요（食べることができません）

　시간이 없어서 갈 수 없어요．（時間がなくて、行くことができません）

●―― 〜지 못해요 ＝ 〜できません

　不可能の表現はもう一種類あります。動詞の語幹に「〜지 못해요」をつける方法です。

例 가지 못해요（行けません）

　먹지 못해요（食べることができません）

むりおと李先生の覚えるヒント

…欲求の表現の「고 싶어요」は韓国ドラマの中にもよく出てくる表現です。発音も、聞き取りやすい表現ですね。日本語の「したい」に音が近いのですぐ覚えられると思います。

…可能の表現の「～ㄹ/을 수 있어요」ですが、수は手段と言う意味ですね。있어요は「あります」という意味だから、「～する手段があります」というのが直訳ですね。

…その通りですね。手段があるということは、することができるということです。不可能表現の「～ㄹ/을 수 없어요」は、「～する手段がありません」が直訳です。そのほかに「～지 못해요」と「못」（～できない）という副詞を使った表現があります。「못」には釘という意味もありますので、「～しようとしたけど釘をさされた」というように覚えてもいいと思います。

…では、文法の覚え方はこれくらいにして単語の覚え方を見ていきたいと思います。

■重要単語の学習　　　　抜粋して収録しています　CD 56

～야 (～よ、～や) ＝人名等につける。日本語と同じ発音。

마 (止めろ) ＝말다の命令形。日本語の「～な」のイメージ。

하시네요 (されますね、ですね) ＝하다語幹＋尊敬の補助語幹「시」＋詠嘆の語尾「네요」。尊敬の京都言葉「～はるね」から連想。

第9章 ● 韓国料理店でⅡ

잘하시네요 (お上手ですね) = 잘 (上手に) + 하시네요 (ですね)。
発音は잘のパッチムが連音化して「チャラシネヨ」。

〜셨〜 (〜された) = 尊敬の補助語幹「시」＋過去の補助語幹「었」の縮約形が「셨」

이 년 (二年) = 이の漢字表記「二」＋년「年」

동안 (期間、〜する間) = 동は漢字「同」と当て字＋안は「内」という意味で「同内」→「〜の間」。

아직 (まだ) = 아직の発音から→亜熟→未熟→まだ。

못 (〜できない) = 「もうダメ」を縮めたイメージ。

싶다 (〜したい) = 싶다→しぷたい→したい。

그렇지만 (ところが) = 그렇다 (そうだ) ＋지만 (〜だけど)。

이번 (今度、今回の) = 이は「この」という意味で、번は「番」。

그러면 (それでは) = 그렇다 (そうだ) ＋면 (の場合)。

다음 (次の) = 다음の音から→ためをつくるイメージ

번 (番、回) = 번の漢字表記「番」から。

꼭 (是非、きっと) = 꼭の音から「刻」と当て字→心に刻んで。

안내 (案内) = 안내の漢字表記「案内」より。

나라 (国) = 韓国の政党にハンナラ党がありますが、そのナラです。奈良の都からも連想できます。

133

극장 (映画館、劇場) ＝극장の漢字表記「劇場」から。
(ククチャン)

친척 (親戚) ＝친척の漢字表記「親戚」から。
(チンチョク)

당신 (あなた) ＝당신の漢字表記「当身」から連想。
(タンシン)

인생 (人生、生涯) ＝인생の漢字表記「人生」より。
(インセン)

함께 (いっしょに) ＝함 (＝すること) ＋께 (〜に)
(ハムケ)

소포 (小包) ＝소포の漢字表記「小包」から。
(ソポ)

보내다 (送る) ＝보다は受けるという意味で、＋내다 (出す) →
(ポネダ)　　受けて出す＝送る

수 (方法、手段) ＝수の漢字表記「手」
(ス)

돈 (お金) ＝トン→豚→貯金箱→金と連想します。
(トン)

못해요 (できません) ＝못 (＝できない) ＋해요 (＝します)
(モテヨ)

●― 練習してみましょう

⇨ 日本語を韓国語にしましょう

　1行目が問題、2行目がヒント、3行目が答えになっています。各問、まず、2行目、3行目を隠して考えてみましょう。

[問1]　それを買いたいのですが。
　　　　ヒント…発音は、クゴル サゴ シプンデヨ
　　　　答　え…그걸　사고　싶은데요．

第9章 ● 韓国料理店でⅡ

[問2]　運転することはできますか？
　　　　ヒント…発音は、ウンジョナル　ス　イッソヨ
　　　　答　え…운전할　수　있어요？

⇨ 역에서　만나요．(駅で会います) の文を変化させましょう

[問1]　可能の表現（駅で会えます）
　　答え…역에서　만날　수　있어요．

[問2]　「수」を使った不可能の表現（駅で会えません）
　　答え…역에서　만날　수　없어요．

[問3]　「못」を使った不可能の表現（駅で会えません）
　　答え…역에서　못　만나요．

[問4]　欲求の表現（駅で会いたいです、駅で会いたいのですが）
　　答え…역에서　만나고　싶어요（駅で会いたいです）
　　　…역에서　만나고　싶은데요（駅で会いたいのですが）

[問5]　勧誘の表現（駅で会いましょう）
　　答え…역에서　만나요．

　　＊ヘヨ体では、「です・ます」の「아요／어요」で、軽い勧誘の意味を表すことができます。

135

コラム(칼럼)

韓国語で歌ってみよう

할아버지의 시계 (おじいさんの時計)

할아버지의 시계는 크고 낡았네.
おじいさんの 時計は 大きくて 古かったよ。

　　　　쉬지 않고 가고 있었어요.
　　　　ずっと、動いて いました。

구십 년간 쉬지 않고 일하고 있던 할아버지의 낡은 시계.
九十年間 休む ことなく 働いていた おじいさんの 古い 時計。

할아버지가 태어나시던 아침에 이 시계를 샀어요.
おじいさんが 生まれた 朝に この 時計を 買いました。

하지만 지금은 가지 않네요 할아버지의 낡은 시계.
けれど、今は 動きませんね おじいさんの 古い 時計。

구십 년 쉬지 않고 똑딱똑딱
九十年 休む ことなく、チクタク チクタク

할아버지와 함께 기쁨도 슬픔도
おじいさんと いっしょに 喜びも 悲しみも

하지만 지금은 가지 않네요 할아버지의 낡은 시계.
けれど、今は 動きませんね おじいさんの 古い 時計

(!) 読解のポイント

낡았네…낡다（古い）の過去形＋네（～よ、～なあ、といった詠嘆の意味の語尾）。
～고 있었어요…第5章で学習した進行形を過去形にした形です。

「大きなのっぽの古時計…」という歌い出しで始まる「大きな古時計」は、日本の代表的な童謡です。最近では、平井堅がカバーしてヒットしました。日本で作詞・作曲された曲だと誤解されがちですが、アメリカ人のヘンリー・クレイ・ワークが作詞・作曲し1876年に発表された曲です。日本では、保富康午の訳詞により1962年にNHKのテレビ番組「みんなのうた」で放送され、たちまち茶の間に浸透しました。
韓国でも訳詞され歌われているようですが、ワークの原曲に近く、簡単な表現を心掛けて、改めて韓国語にしました。「大きな古時計」では、時計は百年間時を刻むという詞ですが、ワークのもともとの詞では90年となっています。

第10章 ● 韓国料理店でⅢ

経験の表現（～（ㄴ/은）적이 있어요）

～したことがあるという経験の表現を学びます。

유리: **주장 씨는 수원에 가 보신 적이 있어요?**
ユリ： チュジャンさんは　水原へ　いらした　ことが　ありますか

주장: **네, 몇 번 가 봤어요. 드라마 이산이**
チュジャン：はい　何　回か　行ってみました　ドラマ　　　イサンが

방송되고 관광객이 늘기 시작했어요.
放送されて以来　観光客が　　増え　始めました

유리: **한국 드라마는 보면 볼수록 빠져들어요.**
ユリ： 韓国　　ドラマは　　見れば　　見るほど　　夢中になります

소리: **한국 드라마는 스토리의 전개가 빠른데다**
ソリ： 韓国ドラマは　ストーリーの　展開が　速いうえに

표현이 솔직해요.
表現が　ストレートです

좋아하면 좋다고, 싫으면 싫다고 솔직하게 말해요.
好きなら　　好きと、　嫌いなら　　嫌いと　　はっきり　言います。

138

第10章 ● 韓国料理店でⅢ

주장이 너도 솔직하게 말하는 게 어때?

チュジャン あなたも はっきり 言ったら どうなの？

주장 : 뭐?

チュジャン：えっ？

文法解説 ■ 基本文型をマスターしましょう

● ― ~ (ㄴ/은) 적이 있어요 = ～したことがあります

CD 60

　動詞の語幹に付けて、経験を表す表現です。「ㄴ/은」の部分を「본」に置き換えると、「～してみたことがある」のニュアンスになります。語幹がパッチムで終わる場合は은を、パッチムの無い場合はㄴを付けます。적이が「～ことが」「～ときが」という意味です。

例 연애 편지를 쓴 적이 있어요. (ラブレターを書いたことがあります)

시골에 가 본 적이 있어요. (田舎に行ってみたことがあります)

● ～기 시작해요 ＝ ～し始めます　CD 61

「～し始めます」という表現は「動詞の語幹＋기 시작해요」になります。この過去形の「～し始めました」は「動詞の語幹＋기 시작했어요」になります。시작の漢字表記は「始作」で始まりという意味があります。

例 여행 준비를 하기 시작했어요.（旅行の準備をし始めました）

역에서 걷기 시작했어요.（駅から歩き始めました）

● 動作性名詞＋되 다 ＝ ～される、～する

방송（放送）、주목（注目）など動作を表わす名詞に되다を付けると、「～される」（受動動詞）や「～する」（自動詞）になります。

例 방송되다（放送される）　주목되다（注目される）

시작되다（始まる）　염려되다（心配になる）

● ～(으) 면 ～ (ㄹ/을) 수록 ＝ 　　　　　　　　　　　～すれば、～するほど

「～すれば～するほど」の表現は「～으면～ 을수록」（パッチムが有る時）または「～면～ㄹ수록」（パッチムが無い時）で表します。

例 보면 볼수록 멋있어요.（見れば見るほどすばらしいです）

읽으면 읽을수록 재미있어요.（読めば読むほど面白いです）

第10章 ● 韓国料理店でⅢ

● ～(ㄴ/은/는) 데다 ＝ ～するうえに、～であるうえに

「～するうえに」、「～であるうえに」という重層の表現は「데다」という語を使います。前の語が動詞の場合は「語幹＋는데다」、前の語が形容詞の場合は「語幹＋은데다」または「語幹＋ㄴ데다」という形になります。例によって、パッチムがある場合が「～은데다」です。

例 바람이 센데다 추워요.

（風が強いうえに寒いです）

공부도 잘하는데다 스포츠도 잘합니다.

（勉強もできるうえ、スポーツもできます）

🔍 さらに学習

～ㄴ/은、～는、～ㄹ/을 ＝ 連体形

連体形は動詞・形容詞が名詞を修飾する時の活用形です。日本語でも「歩いた距離」「おだやかな海」というように原形「歩く」「おだやかだ」から語尾が活用（変化）しますが、韓国語でも次の表のように活用します。

連体形種類	活用の形	例
動詞過去と 形容詞現在	語幹＋은（語幹がパッチムで終わる時）	먹은（食べた〜） 밝은（明るい〜）
	語幹＋ㄴ（語幹が母音で終わる時）	간（行った〜） 온화한（穏やかな〜）
動詞現在	語幹＋는	먹는（食べる〜）
動詞未来と 形容詞未来	語幹＋을（語幹がパッチムで終わる時）	먹을（食べる〜） 밝을（明るい〜）
	語幹＋ㄹ（語幹が母音で終わる時）	갈（行く〜） 온화할（穏やかな〜）

＊表には形容詞の過去形がありません。形容詞の過去連体形は、過去を現す「던」という語尾を使います。

例 내 계란말이를 먹은 사람이 누구예요?

（私のタマゴ焼きを食べた人は誰ですか）

추웠던 겨울이 지나갔어요.

（寒かった冬が過ぎました）

이 공장에서 일하는 사람은 모두 청년입니다.

（この工場で働く人は全て若者です）

지붕은 햇빛이 밝을 때 수리해야 합니다.

（屋根は、日差しが明るい時に修理しなければなりません）

第10章●韓国料理店でⅢ

むりおと李先生の覚えるヒント

…この章では、「〜(ㄴ/은) 적이 있어요」という経験の表現を勉強しました。적は、時や経験を表す名詞ですが、同音異義語に적（漢字表記「籍」）があります。「籍」は、日本語では、記録・書籍といった意味ですので、イメージとしては「籍」と当て字すると覚えやすいかもしれません。

…「〜するうえに」という意味の데다は、方言のような感じで耳になじみますね。それでは、新出語句を順番に覚えていこうと思います。

■ 重要単語の学習　　　　抜粋して収録しています　CD 62

적（〜（した）とき、〜（した）こと）＝漢字の「籍」と当て字

방송되다（放送される）＝방송の漢字表記「放送」＋되다（受動の接尾語）

관광객（観光客）＝관광객の漢字表記「観光客」より。

늘다（伸びる、増える）＝（水が）温むと、苗が伸びるので。

시작하다（始める）＝시작（漢字表記「始作」）＋하다

143

~기 (~すること、であること（動詞・形容詞の名詞化）) = ~することを기（記入）して名詞にする。

ㄹ/을수록 ((~れば) ~ほど) = 수록を「数録」と当て字。「数を記録する程度に」とイメージ。

보면 볼수록 (見れば見るほど) = 면は「~すれば」「~であれば」、ㄹ수록は「（する）~ほど」、「~であるほど」

빠져들다 (熱中する) = 빠지다（おぼれる）＋들다（入る）

스토리 (ストーリー) = 音のとおり

전개 (展開) = 전개の漢字表記「展開」から。

形容詞語幹＋은데다／ㄴ데다 (~うえに) = 語幹＋은／ㄴで連体形。これに「~（である）うえに」という意味の데다を付けた形。デダという発音から重層のイメージを連想。

표현 (表現) = 표현の漢字表記「表現」より。

솔직하다 (率直だ) = 솔직の漢字表記「率直」＋하다。

~다고 ((形容詞語幹に付いて) ~だと) = (発音から「だと」と連想。

싫다 (嫌だ、嫌いだ) = 白けるのイメージ。

~게 ((形容詞について) ~く、~に) = 「~げに」のイメージ

말하다 (言う) = 古語の「…まらする」（申し上げる）から連想。

어때 (どう？（勧める）) = 어떻다（どうだ）のヘヨ体タメ口表現。

연애 (恋愛、恋) ＝연애の漢字表記「恋愛」から。

편지 (手紙) ＝편지の漢字表記「片紙、便紙」から。

시골 (田舎) ＝시 (漢字表記「市」) ＋골 (＝郡)。

준비 (準備) ＝준비の漢字表記「準備」から。

역 (駅) ＝漢字表記「駅」から。

주목 (注目) ＝주목の漢字表記「注目」から。

시작되다 (始まる) ＝시작 (始作) ＋되다 (受動の接尾語)

염려 (心配、配慮) ＝염려の漢字表記「念慮」から。

멋 (趣) ＝おもむきの「も」で覚える。

바람 (風) ＝パラシュートのパラから連想。

추워요 (寒いです) ＝춥다のヘヨ体 (変則活用)。

스포츠 (スポーツ) ＝発音のとおり。

밝다 (明るい) ＝ハングルの文字構成からパルック (蛍光灯の商品名) →明るい。

온화하다 (温和だ、穏やかだ) ＝온화 (漢字表記「温和、穏和」) ＋하다。

계란 (鶏卵、たまご) ＝계란の漢字表記「鶏卵」から。

계란말이 (たまご焼き) ＝계란 (卵) ＋말다 (巻く) の名詞形。

지나가다 (過ぎ行く) =지나다（過ぎる）＋가다（行く）で、過ぎ行く。

공장 (工場) =공장の漢字表記「工場」から。

모두 (全て、皆) =者どものイメージ。

청년 (青年) =청년の漢字表記「青年」から。

지붕 (屋根) =発音「집（家）」＋「ウン」と聞こえる→高層ビルや遠い場所からも「ウン、自分の家だ」とわかるもの→屋根。

햇빛 (日光、日差し) =햇は「陽」の意味、빛は「光」

수리 (修理) =수리の漢字表記「修理」から。

第 10 章 ● 韓国料理店でⅢ

●― 練習してみましょう

⇨ ☐ を埋めて韓国語の文を完成させましょう

[問 1] 보면 ☐ 재미있어요.（見れば見るほど面白いです）

答え…볼수록

[問 2] 시골에 ☐ 있어요.（田舎に行ってみたことがあります）

答え…가 본 적이

⇨日本語を韓国語にしましょう

[問 1] 街に活気があるうえ、伝統があります。
　　　　ヒント…街＝거리、活気＝활기、伝統＝전통
　　　　答　え…거리에 활기가 있는데다 전통이 있어요.

[問 2] ３年前から韓国語を習いはじめました。
　　　　ヒント…３年前から＝삼 년 전부터
　　　　答　え…삼 년 전부터 한국어를 배우기 시작했어요.

第 11 章 ● 空港へ

敬語の表現（〜（으）세요）

　「お〜になります」という尊敬の表現は、動詞の語幹＋（으）세요で表します。日本と違って、韓国では、両親など身内でも目上の人には敬語を使います。ハムニダ体では、動詞語幹＋（으）십니다です。

　また動詞自体が変化する場合があります。

소리: **메일 어드레스조차 교환하지 않았어?**
ソリ：　メール　アドレスも　　　　　交換し　　なかったの

호텔까지 그녀를 바래다 주었는데도?
　　ホテルまで　彼女を　　送って　あげたんでしょ

주장: **면목 없다.**
チュジャン：面目　ない

소리: **유리의 출발 시간에 맞출 수 있을 지도 몰라.**
ソリ：　ユリの　　出発　時間に　間にあう　かもしれないわ

주장: **알았어, 지금 전화해 볼게.**
チュジャン：わかった、今　電話して　みるよ

第11章 ● 空港へ

"여보세요, 저는 박 주장이라고 합니다.
もしもし　　私は　パク・チュジャン　と　申します

903호실 유리 씨 계십니까?
903号室の　ゆりさんは　いらっしゃいますか

그래요? 아뇨, 고맙습니다…"
そうですか？　いいえ、ありがとうございました。

소리: **어땠어?**

ソリ：どうだった？

주장: **유리 씨는 호텔을 체크아웃했대"**

チュジャン：ゆりさんは　ホテルを　チェックアウトしたそうだよ。

나는 공항으로 가 볼게.

ぼくは　空港へ　行ってみるよ。

주장은 공항으로 달려갔습니다. 너무 서두르다가 현관에서 누군가와 부딪쳤습니다.

チュジャンは　空港へ　走って行きました。　あまりにも急いだので　玄関で　誰かに　ぶつかって　しまいました。

주장: **아, 죄송합니다. 아! 유리 씨!**

チュジャン：あっ、すみません。　えっ、ゆりさん

유리: **출발을 내일로 연기했어요.**

ユリ：　出発を　明日まで　延期したのです（しました）

149

さて、ユリと주장の結末はどうなるのでしょう。それは、さておき、今度は読者の皆さんが韓国を訪れて、韓国文化にふれる番ですね。

韓国語会話も、この章でひととおりの学習を終えることになります。多くの表現と、単語を学習しました。もちろん、韓国語の表現も単語も数えきれないほどあります。けれど、ドラマや歌詞、韓国の友だちとの会話の中で、新しい表現や単語が出てきても、辞書を引けば、「ああ、これはあの表現と似ているな」とか「あの単語と同じように使えばいい」などと、実地に学習を続けていく力がついていると思います。

さあ、このテキスト終了まで、もうひと頑張りです。

文法解説 ▪ 基本文型をマスターしましょう

● ~ 조차 (チョチャ/ジョチャ) = ~さえ、~までも

名詞に付いて「~さえ」「~までも」という副助詞の働きをします。

● ~ (ㄴ / 은 / 는) 데 (ン/ウン/ヌン デ) = ~だが、~なんだが (語尾)

~ (ㄴ / 은 / 는) 데 で、「だが」「だから」「なんだが」といった意味です。前の語が動詞の場合は「語幹＋는데」、前の語が形容詞の場合は「語幹＋은데」(語幹末にパッチムがある場合)または「語幹＋ㄴ데」(パッチムが無い場合)という形になります。日本語の「学んで」「歩んで」「弾んで」という時の「~んで」と

第 11 章 ● 空港へ

発音が酷似していますが、「〜（ㄴ/은/는）데」の方が幅広い意味で使われます。本文では도（も）が付加され、「〜にもかかわらず」の意味で使われています。

● ― 〜 (으) 세요 = お〜になります　CD 66

　動詞の語幹に付けて尊敬の意味を表します。시어요が縮約して세요になります。「시」が、敬語を表す部分です。尊敬のＳだと覚えればいいでしょう。動詞の語幹がパッチムで終わる場合は으を付けます。ハムニダ体の場合は、〜（으）십니다」になります。下記の例文のように、尊敬語になると単語自体が変わる場合があります。
　（먹다（食べる）→드시다（召し上がる）、자다（寝る）→주무시다（お休みになる）など）

　例　아버님은 안 가십니다.（お父さまは、行かれません）
　　　뭘 사세요？（何を買われますか？）
　　　아침을 드십니다.（朝ごはんを召し上がります）
　　　열 시에 주무십니다.（10 時にお休みになられます）

● ― 〜(ㄴ/는) 대요 / 다고 해요 = 〜だそうです

　「〜だそうです」という伝聞は、「〜다고 해요」という形で表します。動詞の場合は語幹に〜（ㄴ/는）다고 해요、形容詞の場合は〜다고 해요を付けます。会話では、「〜대요（ハムニダ体は〜다고 합니다→〜답니다）」のような縮約表現がよく使われます。日本語でも「斉藤、部活やめるってよ」のように伝聞の表現に「〜てよ」を使いますから、韓国語と同じですね。

151

例 한국에서 친구가 온답니다. (韓国から友だちが来るそうです)
　　　ハングゲソ　チング ガ　オンダムニダ

서울은 겨울에 아주 춥대요.
ソウルン キョウレ アジュ チュプテヨ
(ソウルは冬とても寒いそうです)

● ハムニダ体（「〜ㅂ니다」で終わる表現）

今まで、このテキストでは文末が「〜요」で終わるヘヨ体を中心に説明をしてきました。格式的でより丁寧な表現のハムニダ体については、現在はあらたまった場でしか使われませんが、ここで一括して説明したいと思います。

今まで学習したヘヨ体はすべてハムニダ体にすることができます。主なハムニダ体文末は次の表のとおりです。

意味	ヘヨ体	ハムニダ体
名詞＋です	名詞＋예요（パッチム無） 名詞＋이에요（パッチム有）	名詞＋입니다
います	있어요	있습니다
いません	없어요	없습니다
〜します 〜です	語幹＋아요（陽母音） 語幹＋어요（以外） ＊母音の縮約、省略がある	語幹＋ㅂ니다（パッチム無） 語幹＋습니다（パッチム有）
します（하다）	해요	합니다
〜しました 〜でした	語幹＋았어요（陽母音） 語幹＋었어요（以外） ＊母音の縮約、省略がある	語幹＋았습니다（陽母音） 語幹＋었습니다（以外） ＊母音の縮約、省略がある
〜しています	語幹＋고 있어요	語幹＋고 있습니다
〜することにします	語幹＋기로 해요	語幹＋기로 합니다
〜する予定です	語幹＋ㄹ 예정이에요 （パッチム無） 語幹＋을 예정이에요 （パッチム有）	語幹＋ㄹ 예정입니다 （パッチム無） 語幹＋을 예정입니다 （パッチム有）

第11章●空港へ

意味	ヘヨ体	ハムニダ体
～しましょう ～でしょう	語幹＋겠어요	語幹＋겠습니다
～かもしれません	語幹＋ㄹ지도 몰라요（パッチム無） 語幹＋을지도 몰라요（パッチム有）	語幹＋ㄹ지도 모릅니다（パッチム無） 語幹＋을지도 모릅니다（パッチム有）
～しなければならない	語幹＋아야 해요（陽母音） 語幹＋어야 해요（以外）	語幹＋아야 합니다（陽母音） 語幹＋어야 합니다（以外）
～したい	語幹＋고 싶어요	語幹＋고 싶습니다
～することができます	語幹＋ㄹ 수 있어요（パッチム無） 語幹＋을 수 있어요（パッチム有）	語幹＋ㄹ 수 있습니다（パッチム無） 語幹＋을 수 있습니다（パッチム有）
～しましょう	語幹＋아요（陽母音） 語幹＋어요（以外） ＊母音の縮約、省略がある	語幹＋ㅂ시다（パッチム無） 語幹＋읍시다（パッチム有）
～したことがあります	語幹＋ㄴ 적이 있어요（パッチム無） 語幹＋은 적이 있어요（パッチム有）	語幹＋ㄴ 적이 있습니다（パッチム無） 語幹＋은 적이 있습니다（パッチム有）
～し始めました	語幹＋기 시작했어요	語幹＋기 시작했습니다
お～になります	語幹＋세요（パッチム無） 語幹＋으세요（パッチム有）	語幹＋십니다（パッチム無） 語幹＋으십니다（パッチム有）

> ハムニダ体はネクタイをした男性のようにフォーマルだな

むりおと李先生の覚えるヒント

…李先生、「～（ㄴ/은/는）데」の데ですが、日本語の「で」のような使い方でいいですか。

…ちょっと厳しいですが、役者さんなら「で」に表情をつけて、韓国語の「데」まで、意味を広げられるかもしれません。「この作品で（すが）…、特徴がないな」「まじめに学んで、話せるようになった」のように。

…敬語ですが、キーワードは「시」ですね。ヘヨ体の「세요」は、주세요（ください）という表現を思い出しますが、実は、주다（くれる）を敬語にした表現だったのですね。

…そうですね。今まで学んだ韓国語単語を相互に関連付けることで理解が深まると思います。それでは、今回も、新しい単語を覚えていきましょう。

■重要単語の学習　　　　　　　抜粋して収録しています　CD 67

～(으) 십니다（お～になる）＝시（賜と当て字＝賜る）が尊敬の意を表す。ㅂ니다は「です、ます」。

154

메일어드레스 (メールアドレス) =音のとおり。

조차 (〜さえ) =조차を「調差」と当て字。

교환 (交換) =교환の漢字表記「交換」から。

그녀 (彼女) =그「その」+녀「女」。

바래다 주다 (見送る) =바래다 주다の発音から「(作戦が) ばれた。中止だ」→「(作戦は) 見送る」と連想。

데도 (〜するにしても、〜にもかかわらず (ㄴ／은+데도の形で)) =데 (≒で) +도 (も)

면목 (面目) =면목の漢字表記「面目」より。

출발 (出発) =출발の漢字表記「出発」より。

맞추다 (合わせる) =発音からマッチさせる。

〜지도 몰라 (〜かもしれない) =지は「〜か」、도 몰라は「も、わからない」で、かもしれない。

알았어 (わかった) =알다 (わかる) の過去形のヘヨ体알았어요から요を取った形です。요を省略することで、ぞんざいなタメ口のようなニュアンスになります。

전화 (電話) =전화の漢字表記「電話」から。

ㄹ／을게 (〜するよ、するからね) =日本語の「〜するけん」とこじつける。

계시다 (いらっしゃる) ＝있다(いる)の尊敬語。敬＋있다→계시다

아뇨 (いいえ) ＝아니요（いいえ）の縮約形。

고맙다 (ありがたい) ＝고を「考」と当て字、맙から字体が近い 맘（心）＋다で心を考える→「ありがたい」

체크아웃 (チェックアウト) ＝発音のとおり。

〜대요 (〜ですって、〜だそうです) ＝「〜다고 해요」の縮約形。

달려가다 (駆けつける、走って行く) ＝달리다（走る）＋가다 （行く）。

너무 (あまりにも) ＝너무を「南無」と当て字。またはノー、無理のイメージ

서두르다 (急ぐ、慌てる) ＝서다（立つ）と두르다（巻く）を合わせたイメージ。

〜다가 (〜する途中で、〜してから) ＝発音から「〜したが」と連想。

현관 (玄関) ＝현관の漢字表記「玄関」から。

부딪치다 (ぶつかる、ぶつける) ＝発音から、「ぶちつける」とをイメージ。

죄송하다 (申しわけない) ＝죄송（罪悚（「悚」は「怖れいる」という意味））＋하다

연기 (延期) ＝연기の漢字表記「延期」より。

第 11 章 ● 空港へ

아버님_{アボニム}（お父さま）＝아버지（父）に님（様）をつけた形。

뭘_{ムオル}（何を）＝무엇을の縮約形

드시다_{トゥシダ}（召上がる）＝드（＝들다（食べる））＋敬語の시＋다

주무시다_{チュムシダ}（お休みになる）＝주무を「睡眠」と当て字＋시다（敬語化）

〜다고_{ダゴ}（〜だと（ㄴ/는다고の形で））＝発音から「んだご」と「そうだと」が訛っているような感じ。

서울_{ソウル}（ソウル）＝서울の発音のとおり。

●― 練習してみましょう

⇨ 日本語を韓国語にしましょう（尊敬の形）

[問1]　大阪には、いつ来られますか？
　答え…오사카에는 언제 오세요？（または오십니까？）

[問2]　京都で何を買われますか？
　答え…교토에서 뭘 사세요？（または사십니까？）

[問3]　バスに乗って行かれますか？
　答え…버스를 타고 가세요？（または가십니까？）

[問4]　和食は召し上がりますか？（和食：일식）
　答え…일식은 드세요？（または드십니까？）

[問5]　お母様がゆっくりおっしゃいます。
　答え…어머님이 천천히 말씀하세요．（または말씀하십니다）

第 12 章 ● まとめ

助詞と文末表現のまとめ

　この章では、学習の総まとめとして、助詞と文法表現（文型）を復習します。文法表現については、グループ分けして更に理解が深まるようにまとめてあります。

●― 助詞のまとめ

韓国語助詞	日本語	掲載章	補足（使い分けなど）	覚え方
은 / 는 ウン ヌン	～は	1	パッチム有→은	～は、と云々する
이 / 가 イ ガ	～が	2	パッチム有→이	가は発音通り
께서 ッケソ	～が		이 / 가の尊敬語	「が」を、相手を持ち上げ「こそ（けそ）」と言う
도 ト/ド	～も	1		「同」と当て字
과 / 와 カ/ガ ワ	～と	3	パッチム有→과	「加 / 和」と当て字
하고 ハゴ	～と	3		「把伍」と当て字
을 / 를 ウル ルル	～を	3	パッチム有→을	「る」を重ねると「を」に似た字になる

159

韓国語助詞	日本語	掲載章	補足（使い分けなど）	覚え方
으로/로 (ウロ/ロ)	～で ～へ ～に	7	ㄹ以外パッチム有→으로 道具や手段、方向を表す	「迂路」と当て字
에 (エ)	～に	2	場所や時間の「～に」	発音から「～へ」と訳
에게 (エゲ)	～に		人や動物に対する「～に」	게を係のイメージで
한테 (ハンテ)	～に		에게の話し言葉	「伴手」のイメージ
께 (ッケ)	～に		에게の尊敬語	尊敬する人には、思わず言葉がつまってしまう。
에서/서 (エソ/ソ)	～で ～から	3	動作が行われる場所、起点となる場所を示す	에（～に）＋서（≒所） 서は에서の縮約形
에게서 (エゲソ)	～から		人や動物の「～から」	에게＋서（≒所）
한테서 (ハンテソ)	～から		에게서の話し言葉	한테＋서（≒所）
부터 (プト/ブト)	～から	3	時間的、順序の「～から」	部時と当て字
에도 (エド)	～にも ～でも	2	에は場所や時間を表す	에＋도
까지 (カジ)	～まで	3		「限り」を縮めて
마저 (マジョ)	～までも		望ましくないものの追加をしめす。	発音から「までも」

160

第 12 章 ● まとめ

韓国語助詞	日本語	掲載章	補足（使い分けなど）	覚え方
뿐 (ップン)	〜だけ			発音から、分割するイメージ
만 (マン)	〜だけ	4		未満の満のイメージ
밖에 (パッケ/パッケ)	〜しか		否定の表現と共に用いられる	밖（外）+에（〜に）
조차 (チョチャ/ジョチャ)	〜さえ	11		조は「調」、차は「差」と当て字
(이)라도 (イ ラド)	〜でも	1	「〜か何かを」の意味	「等ど」と当て字
보다 (ボダ/ボダ)	〜より	3		ボーダーから連想
의 (エ)	〜の	9		「依」と当て字

●― 文法表現のまとめ

これまでに学習した文型の総復習です。まずは、①主語＋述語の形を復習します。基本的な文型ですので、確実に覚えておきましょう。例文とテキストに出てきた章を記載しています。文法表現の欄の（　）内はハムニダ体の場合の表現です。

①主語＋述語のグループ			
文法表現	例文	章	補足（覚え方等）
~이에요 / 예요 (~입니다)	우리는 육 남매**예요**. （私たちは6人兄弟**です**）	1	日本語の「～よ」に似ている
~이에요？/ 예요？ (~입니까？)	회계는 얼마**예요**？ （お会計はいくら**ですか**）	1	？をつけるだけで疑問文になる
~ (이 / 가) 아니에요 (~ (이 / 가) 아닙니다)	주부**가 아니에요**. （主婦**ではありません**）	1	예요に否（아니）を付ける
있어요 (있습니다)	열이 **있어요**. （熱が**あります**）	2	「居存よ」→ 있어요
~고 있어요 (~고 있습니다)	일본말을 배우**고 있어요**. （日本語を習って**います**）	5	고＝して 있어요＝います
없어요 (없습니다)	자리가 **없어요**. （席が**ありません**）	2	オフ（없）でいない
~아요 / 어요 (~ㅂ니다 / 습니다)	아침을 먹**어요**. （朝食を食べ**ます**）	3	예요も있어요、없어요もこの形に含まれる

第12章 まとめ

次に復習する文法のグループは②「動詞・形容詞語幹＋（ㄹ/을）」を含んだ文型です。「動詞・形容詞語幹＋（ㄹ/을）」の形は、未来連体形と同じです。文型も未来のことを述べている文が多いことに注意して復習していきましょう。

文法表現	例文	章	補足（覚え方等）
②動詞語幹＋（ㄹ/을）〜のグループ			
〜（ㄹ/을) 거예요 (〜（ㄹ/을) 겁니다)	푹 쉬면 나을 거예요. (ゆっくり休めば治るでしょう)	4	「〜する意向よ」を縮めてㄹコエヨ
〜（ㄹ/을) 예정이에요 (〜（ㄹ/을) 예정입니다)	내일은 가족들과 외식할 예정이에요. (明日は家族と外食する予定です)	7	예정＝予定
〜（ㄹ/을) 계획이에요 (〜（ㄹ/을) 계획입니다)	앨범을 만들 계획이에요. (アルバムを作る計画です)		계획＝計画
〜（ㄹ/을) 지도 몰라요 (〜（ㄹ/을) 지도 모릅니다)	조금 아플지도 몰라요. (少し痛いかもしれません)	7	모르다＝知らない
〜（ㄹ/을) 수 있어요 (〜（ㄹ/을) 수 있습니다)	운전할 수 있어요. (運転する事ができます)	9	수（＝術（すべ））が有る
〜（ㄹ/을) 수 없어요 (〜（ㄹ/을) 수 없습니다)	사진을 찍을 수 없어요. (写真を撮る事ができません)	9	수（＝術（すべ））が無い
〜（으)면 〜（ㄹ/을) 수록	보면 볼수록 멋있어요. (見れば見るほどすばらしいです)	10	수록（≒数録）

3番目のグループは③「動詞語幹＋(ㄴ/은)」を含んだ文型です。この形は、過去の経験を表す文型のみです。一般的な過去形については、過去を表す子音「ㅆ」の挿入をします。(⑤を参照)

③動詞語幹＋(ㄴ)/은)　〜のグループ			
文法表現	例文	章	補足（覚え方等）
〜(ㄴ/은) 적이 있어요 (〜(ㄴ/은) 적이 있습니다)	한번 만난 적이 있어요. (一度会ったことがあります)	10	적이≒「籍が」
〜본 적이 있어요 (〜본 적이 있습니다)	시골에 가 본 적이 있어요. (田舎に行ってみたことがあります)	10	

次は④「動詞語幹・形容詞語幹＋지」を含んだ文型です。「지」は、「〜し」のようなニュアンスで、前の用言と後の用言を単純に繋げる役割を果たしています。

④動詞語幹・形容詞語幹＋지〜　のグループ			
文法表現	例文	章	補足（覚え方等）
〜지 않아요 (〜지 않습니다)	춥지 않아요. (寒くありません)	4	지＝〜し 않다＝ない
〜지 못해요 (〜지 못합니다)	사지 못해요. (買えません)	9	못≒無術
〜지 말고	늦지 말고 오세요. (遅れないで来てください)	※	

①〜④までは、基本の文の構造「文型」ですが、次にまとめてある表現は文法的意味を持つ特定の文字（子音または子音＋母音）を挿入する方法です。

第12章 ● まとめ

⑤特定の文字の挿入
補助語幹など、特定の意味を添加する語をまとめました

文法表現	例文	章	補足（覚え方等）
<ruby>안<rt>アン</rt></ruby>~	일을 **안** 해요. （仕事をしません）	4	**안**≒否
<ruby>못<rt>モッ</rt></ruby>~	**못** 가요. （行けません）	9	**못**≒無術
~<ruby>았어요<rt>アッソヨ</rt></ruby>/<ruby>었어요<rt>オッソヨ</rt></ruby> (~<ruby>(았<rt>アッ</rt></ruby>/<ruby>었)<rt>オッ</rt></ruby> <ruby>습니다<rt>スムニダ</rt></ruby>)	택시를 **탔**어요. （タクシーに乗りました）	5	ㅆが過去を表す
~<ruby>(으)<rt>ウ</rt></ruby><ruby>세요<rt>セヨ</rt></ruby> (~<ruby>(으)<rt>ウ</rt></ruby><ruby>십니다<rt>シムニダ</rt></ruby>)	선생님이 오**세요**. （先生がいらっしゃいます）	5 11	補助語幹-시-が尊敬を表す。시어요が縮約して세요
~<ruby>(아<rt>ア</rt></ruby>/<ruby>어)<rt>オ</rt></ruby> <ruby>주세요<rt>ジュセヨ</rt></ruby>	천천히 말씀해 **주세요**. （ゆっくりおっしゃってください）	7	「授せよ」と当て字
~<ruby>(아<rt>ア</rt></ruby>/<ruby>어)<rt>オ</rt></ruby> <ruby>보세요<rt>ボセヨ</rt></ruby>	앉아 **보세요**. （座ってみてください）	※	「보（見）せよ」と当て字
~<ruby>자<rt>チャ/ジャ</rt></ruby> (~<ruby>읍시다<rt>ウプシダ</rt></ruby>/<ruby>ㅂ시다<rt>ブシダ</rt></ruby>)	새우 필라프를 먹**자**. （海老ピラフを食べよう）	7	音のイメージから
~<ruby>겠<rt>ケッ/ゲッ</rt></ruby> <ruby>어요<rt>ソヨ</rt></ruby>. (~<ruby>겠<rt>ケッ/ゲッ</rt></ruby> <ruby>습니다<rt>スムニダ</rt></ruby>)	제가 빌려주**겠**어요. （私が貸しましょう）	7	**겠**が弱い意志、推量を表す。
~<ruby>기로<rt>キロ/ギロ</rt></ruby> <ruby>해요<rt>ヘヨ</rt></ruby>. (~<ruby>기로<rt>キロ/ギロ</rt></ruby> <ruby>합니다<rt>ハムニダ</rt></ruby>)	복습하**기로** 해요. （復習する**ことに**します）	7	**기로**≒気で（決心や約束）

165

~기 시작해요 (~기 시작합니다)	청소하기 시작해요. (掃除をし始めます)	10	시작＝始作
~(아/어) 야 해요 (~(아/어) 야 합니다)	이제는 돌아가야 해요. (もう帰らねばなりません)	8	야≒要
~고 싶어요 (~고 싶습니다)	알고 싶어요. (知りたいです)	9	싶が欲求を表す
~(으) 려고 해요 (~(으) 려고 합니다)	돈을 내려고 해요. (お金を払おうと思います)	7	려고≒慮して（しようと思って）
~(으) 셨어요. (~(으) 셨습니다)	사장님께서 결정하셨어요. (社長（様）が決定なさいました)	9	시＋었→셨 （尊敬の過去形）
~(ㄴ/는) 대요 (動詞) ~대요 (形容詞) ~(ㄴ/는) 다고 해요 (~(ㄴ/는) 답니다) (~(ㄴ/는) 다고합니다)	서울은 겨울에 아주 춥대요. (ソウルは冬とても寒いそうです)	11	다고 해요が伝聞を表す→縮約形が대요→てよ→そうです

　最後は、文と文を接続する表現です。キーワードは「**서**」「**러**」「**지**」です。「**서**」は「そうなので、それで」、「**러**」は「〜するために（目的）」、「**지**」は④の文型であったように単純な接続の意味あいがあります。また、「**지**」は、時制（過去、現在、未来の区別）によって、「**고**」（現在）、「**기**」（未来）と使い分けることがあります。

第 12 章 ●まとめ

⑥文と文を接続する表現

文法表現	例文	章	補足（覚え方等）
～(아/어) 서	출비가 많아서 경영이 어렵습니다. （出費が多くて経営が難しいです）	4	そうなので…
～(아/어) 서 그런지	피곤해서 그런지 머리가 안 돌아갑니다. （疲れたからなのか、頭が回りません）	4	ソグロンジ→ そう来るんちゃ→ そこから来るのか
～(으) 면	여름이 되면 더워요. （夏になれば暑いです）	8	면＝面と当て字
～(으) 면서	텔레비전을 보면서 밥을 먹어요. （テレビ見ながらご飯を食べます）	5	면は「～の場合」 서は「そして」
～(으) 러	책을 사러 가요. （本を買いに行きます）	6	「～しようと」が 訛って「～ろ」
～고 (나서)	방송되고 (나서) 관광객이 늘었어요. （放送されて以来、観光客が増えました。）	10	
～(ㄴ/은/는) 데다	바람이 센데다 추워요. （風が強いうえに寒いです）	10	데다の発音から重層を連想

다이제스트
（ダイジェスト）

むりお と李先生 の覚えるヒント

…こうして「まとめ」を眺めてみると、たくさんのハングルの文型や単語を覚えたんだと、感慨深いですね。むりおさんは、バッチリ身についていると思います。

…李先生、それが… 忘れている文型や単語もたくさんあります。もう一度、一から復習が必要かも知れません。

…では、最終回として、新出単語に加えて重要単語の覚え方を再確認していこうと思います。

■ 重要単語の学習

육^{ユク}（六）＝육の漢字表記「六」から。

남매^{ナムメ}（兄弟、姉妹）＝남매の漢字表記「男妹」から。

회계^{ヘゲ}（会計）＝회계の漢字表記「会計」から。

얼마^{オルマ}（いくら、どのくらい）＝얼（どの）＋마리（匹、動物を数える時の助数詞）

일본말^{イルボンマル}（日本語）＝일본（日本）＋말（言語）

푹^{プク}（じっくりと）＝푹の音が、鍋で煮込むぷくぷくという音であることから。

낫다^{ナッタ}（治る）＝낫다の発音「なった」から「治る」を連想。

가족^{カジョク}（家族）＝가족の漢字表記「家族」から。

第12章 まとめ

외식 (外食) ＝외식の漢字表記「外食」から。

앨범 (アルバム) ＝앨범の音の通り。

만들다 (作成する、著作する) ＝만も들も「蔓」(音読みで「まん」訓読みで「つる」)と当て字して蔓からつくる。または、만 (満) ＋들다 (持つ) →完成まで持つ→作る。

조금 (少し、ちょっと) ＝조금の音から、「ちょっと」。

운전 (運転) ＝운전の漢字表記「運転」から。

사진 (写真) ＝사진の漢字表記「写真」から。

찍다 ((写真を) 撮る) ＝찍다の擬音からイメージ。

한번 (一度、一回) ＝한は1、번の漢字表記「番」から。

새우 (えび) ＝伊勢海老の勢海の発音から새우。

필라프 (ピラフ) ＝필라프の発音から。

〜자 (〜しよう) ＝音のイメージどおり

빌려주다 (貸す) ＝빌리다が借りるで、빌려주다は借り授ける。

복습 (復習) ＝복습の漢字表記「復習」から。

이제 (今、もはや) ＝이 (この) ＋제 (緒と当て字)。제は적에の縮約形。

돌아가다 (帰る、回転する) ＝돌다 (回る、トルネードのイメージ) ＋가다。

169

사장 (社長) =사장の漢字表記「社長」から。

께서 (〜が (敬語)) =가 (が) を敬語化して、「〜におかれては」

결정 (決定) =결정の漢字表記「決定」から。

출비 (出費) =출비の漢字表記「出費」から。

경영 (経営) =경영の漢字表記「経営」から。

어렵다 (難しい) =難しい→日頃の備えや勉強をおろそかにできない→おりょそか→オリョプタ

피곤하다 (疲れている) =피곤の漢字表記「疲困」+하다。

여름 (夏) =여덟 (八) →8月または、열 (熱) からイメージ。夏はヨルム暑い (夏は夜も暑い) と語呂合わせしても。

덥다 (暑い、熱い) =音から敦 (とん=あつい、心のこもった) のイメージ。ヘヨ体は더위요。

텔레비전 (テレビ) =発音のとおり。

韓国語会話力 STEP UP

韓国語会話力をさらにパワーアップするための覚えておきたい重要単語をリストアップ。最重要の全単語には覚え方を網羅。

- すぐ覚えられる最重要単語
- 日本語でひく重要単語**1600**語
- 漢字語数詞と固有語数詞
- ハングル子音早覚え表
- ハングル早見表
- 韓国昔話「トッケビの如意棒」

すぐ覚えられる最重要単語

日常会話でよく使われる単語を厳選し、韓国語、日本語訳、覚え方を韓国語子音順（辞書の並び順）に整理しています。

ㄱ

가꾸다 (育てる) = クワで土を起こす「カクッ」という音から

가끔 (時たま) = 音から刻々のイメージ

가늘다 (細い) = 가 (端) + 늘다 (伸びる)で「細い」

가능하다 (可能だ) = 가능は漢字表記「可能」+ 하다

가련하다 (かわいそうだ) = 가련 (漢字表記「可憐」) + 하다

가르다 (分ける) = 発音からカルタ、トランプの動作を連想

가르치다 (教える) = コーチ + 다のイメージ

가만히 (じっと) = 英語のカーム (穏やかな) から連想。あるいは、発音から「緩慢に」と連想。

가소롭다 (おかしい) = 가소 (漢字表記「可笑」) + 롭다 (形容詞を作る語尾)

韓国語会話力　STEP UP

가슴 (胸) = カスマプゲ (胸が痛い) 等の歌詞で馴染みの語

가을 (秋) = 가을 → 果得る季節「秋」

가장 (最も) = 가 (可) + 장 (長)

가지다 (持つ) = 荷持 + 다と当て字

가혹하다 (過酷だ) = 가혹 (漢字表記「苛酷」) + 하다

간단하다 (簡単だ) = 간단 (漢字表記「簡単」) + 하다

갈아타다 (乗り換える) = 갈다 (変える) + 타다 (乗る)

감기 (風邪) = 감기の漢字表記「感気」から。

감추다 (隠す) = 감추の音から連想

강하다 (強い) = 강 (漢字表記「強」、または「剛」のイメージ) + 하다

같다 (同じだ) =「合致だ」のイメージ

거기 (そこ) = 거기を「此処」と当て字

거래 (取引) = 漢字表記「去来」から (商品などの) 往来

거짓말 (うそ) = 거짓を虚偽と当て字 + 말 (言葉)

거창하다 (おおげさだ、雄大だ) = 거창 (漢字表記「巨創」) + 하다

173

걱정되다 (心配になる) = 걱정を酷情と当て字 + 되다 (〜になる)。

건강하다 (健康だ) = 건강 (漢字表記「健康」) + 하다

걷다 (歩く) = 걷다の発音から「徒歩 (かち)」を連想。

걸다 (かける) = コール (電話を掛ける) のイメージ

검다 (黒い) = 검の音から「黒」+ 다

결 점 (欠点) = 漢字表記「欠点」から

결혼 (結婚) = 결혼の漢字表記「結婚」から

겸하다 (兼ねる) = 겸 (漢字表記「兼」) + 하다 (する)

경우 (場合) = 漢字表記「境遇」から

계속하다 (続ける) = 계속 (漢字表記「継続」) + 하다

고치다 (修繕する、直す) = 故知 (昔の人の知恵) と当て字→直す、治す

고통 (苦痛) = 고통の漢字表記「苦痛」から

고프다 (空腹だ) = 発音から「空腹だ」と連想

곤란하다 (困る) = 곤란 (漢字表記「困難」) + 하다

곧 (すぐ) = 忽然の「忽」と当て字→たちまち

곱다 (美しい、優しい) = 곱を妓舞と当て字。舞妓のように美しい

韓国語会話力　STEP UP

공원 (公園) = 漢字表記「公園」から

공책 (ノート) = 공책の漢字表記「空冊」(空っぽの本)

관계 (関係) = 漢字表記「関係」から

관하다 (関わる) = 관の漢字表記「関」+ 하다

괴로워하다 (悩む、苦しむ) = 苦労 + 하다と当て字。

구하다 (求める) = 구 (漢字表記「求」) + 하다

궁금하다 (心配だ、気がかりだ) = 発音から、「○○君がまだ (来ていない)」→ 心配だ

궁하다 (貧しい) = 궁 (窮) + 하다

귤 (みかん) = 귤の漢字表記「橘」から

그대 (あなた) = 日本語の「貴台」を当て字

그러나 (だが) = 그러 (そうだ) + 나 (…が)

그러니까 (だから) = 그러 (そうだ) + 니까 (だから)

그르다 (正しくない) =「狂うだ」と当て字。

그리고 (そして) = 그리 (それほど、さほど) + 고 (〜して)

그림 (絵) = ビデオクリップのクリップのイメージ

극장 (映画館、劇場) = 漢字表記「劇場」

175

글 (文章、文字) =「句縷々」と当て字。句を事細かに述べる→文章。

금지 (禁止) = 漢字表記「禁止」

금하다 (禁ずる) = 금 の漢字表記「禁」+ 하다

기록 (記録) = 漢字表記「記録」

기르다 (育てる、飼う) = 기르を「期留」と当て字。→期待して留める→育てる

기쁘다 (嬉しい) = 기쁘を「喜富」と当て字 + 다

기억 (記憶) = 漢字表記「記憶」

기회 (機会) = 漢字表記「機会」

길 (道) = 軌道の軌のイメージ

길다 (長い) = 길 (= 道) + 다で長い。

깊다 (深い) = 探検のk、ディープのpのイメージから

꺼지다 (消える) = 꺼 (虚と当て字) + 지다 (〜になる)

끊다 (切る) =ルーツというアレックス・ヘイリーのドラマをご存じですか。その主人公がクンタキンテ。ですから、クンタと言えば、キンテ。クンタキンテ→クンタキッテ→クンタキッテ (切る)

韓国語会話力　STEP UP

끝나다 (終わる) = 끝 (終わり) + 나다 (出る) で区切りが付くイメージ

ㄴ

나가다 (出る、出かける) = 나다 (出る) + 가다 (行く)。

나무 (木、樹木) = 나무を (成る + 木) とイメージ

나비 (蝶) = 風になびいて飛ぶ蝶

나오다 (出てくる) = 나다 (出る) + 오다 (来る)

나타내다 (現す) = 나다 (出る) + 내 (外へ) + 다

날 (日) = 날の発音からナッピルマ→昼間

날다 (飛ぶ) = 成田と当て字 → 空港 → 飛ぶ

낡다 (古い) = 낡다の発音「ナクッタ」を「奈久＋다」と当て字。「奈」は、奈良や奈落といった熟語から「すごく」をイメージ、「久」は久しいという意味 → すごく久しい → 古い

남동생 (弟) = 漢字表記「男同生」

남편 (夫) = 漢字表記「男便」から

내용 (内容) = 漢字表記「内容」

177

냉면 (冷麺) = 漢字表記「冷麺」

냉장고 (冷蔵庫) = 漢字表記（冷蔵庫）

널다 (干す) = 伸びるのイメージ

넓다 (広い) = 널다 (干す、広げる) の形容詞化

～년 (～年) = 년の漢字表記「年」から

노랗다 (黄色い) = 논 (水田) の実ったイメージから黄色を連想

논 (水田) = 発音から「農」→水田のイメージ

놓다 (置く) = 乗った状態にする。

높다 (高い) = 発音から、のっぽのイメージ

누나 ((弟から見た) 姉) = 姉やのイメージ

눈물 (涙) = 눈 (目) + 물 (水) で涙

눕다 (横たわる、寝る) =「布団に入り、ぬぷぬぷ温かい」→「寝る」と連想

느리다 (のろい) = 発音から → ぬるい → のろい

韓国語会話力　STEP UP

ㄷ

다 (皆、すべて) =「多」のイメージ

다니다 (通う) = 다니다の発音から「多入退」と当て字→多く入退室する→即ち「通う」と連想。

다치다 (怪我する) = 太刀でけがのイメージ ＋ 다

닫다 (閉める) = タタタタとシャッターが下りるイメージ。

달다 (甘い、吊るす) = 甘ったるいの「たる」、「垂れる」と連想

담요 (毛布) = 담 (漢字表記「毯」) ＋ 요 (＝敷布団)

대나무 (竹) = 대は「代」と当て字 ＋ 나무 (木) → 木に代わるもので竹

대답 (答え、返答) = 대답 の漢字表記「対答」から

대학교 (大学) = 漢字表記「大学校」

더 (もっと、さらに) = 英語の too、あるいは「もっと」の 'と'。

덜다 (減らす) = (一部分を) 取るイメージ

도망치다 (逃げる) = 도망 (逃亡) ＋ 치다 (打つ)

돌아오다 (帰ってくる、回ってくる) = 돌다 (回る) ＋ 오다 (来る)

두 (2つの) = 英語のｔｗｏから連想。「2つ」は둘

179

들리다 (聞こえる) = 発音から鳥の鳴き声をイメージ→聞こえる
<small>トゥルリダ</small>

딱딱하다 (硬い) =「たたかないで、硬いよ」と覚えます。ッタクタクハダが連音化・激音化してッタッタカダと発音します。
<small>ッタクタカダ</small>

떡 (餅) = トッポギ (棒状の餅を、甘辛く炒めた料理) のトゥ
<small>ットク</small>

떨리다 (震える) = 音楽用語のトレモロのイメージから震えるという訳を導きます。
<small>ットゥルリダ</small>

떨어지다 (落ちる) = 発音から「おっと、落ちた」と連想。
<small>ットロジダ</small>

또 (また、再び) = ㄷの音が2つ →「ふたたび」の「たた」を連想。
<small>ット</small>

뜨겁다 (熱い) =「あっつう」と叫ぶ時の「っつ」+ 겁 (恐れ) で熱い
<small>ットゥゴプタ</small>

ㄹ

라면 (ラーメン) = 音のとおり
<small>ラミョン</small>

韓国語会話力　STEP UP

ㅁ

마음^{マウム} (心) = まごころ + 胸を縮めてマウム

많이^{マーニ} (多く) = 많다^{マーンタ} (多い) の副詞形

말^{マル} (言葉、馬) ‒ 말하다 (言う) から関連づけて。発音から「馬」を連想

말씀하시다^{マルスマシダ} (おっしゃる) = 말씀 (お言葉) + 하시다 (なさる)

맞다^{マッタ} (当たる、迎える、合う) = 맞の音から「マッチ」「待ち受ける」を連想。

먼저^{モンジョ} (先に) = 音から→まず

멀다^{モルダ} (遠い、目が見えなくなる) = 発音から漢字「盲」をイメージ→見えない→見えないほど遠い

멀리^{モルリ} (遠く、はるかに) = 멀다 (遠い) の副詞形

매우^{メウ} (非常に) =「毎優」(毎回優勢に) と当て字。

매일^{メイル} (毎日) = 漢字表記「毎日」

맵다^{メプタ} (辛い) = 発音から、目パッチリ→辛い

모레^{モレ} (あさって) = 내일 (明日) の모레 (more) のイメージ

모으다^{モウダ} (集める) = 모으 (網を打って集めるイメージ) + 다

181

무ム (大根) = 무の発音から → 無能な役者 → 大根役者 → 大根

무겁다ムゴプタ (重い) = 惨(むご)い罪には重い刑と覚える

무섭다ムソプタ (怖ろしい) = 무섭を無想と当て字 + 다

묻다ムッタ (埋める) = 묻 (→ 聞、埋と当て字) + 다で動詞化

물ムル (水) = なんとなく音が似ている

믿다ミッタ (信じる) = 믿をmeと当て字。「私を信じろ」と覚える

ㅂ

바다パダ (海) = 바다 → パシフィックだ → 海

바라보다パラボダ (見渡す) = 바라からパノラマを連想 + 보다 (見る)

받다パッタ (もらう、受ける) = パーに開いた手のひら→もらう、受ける、被るイメージ。

배추ペーチュ (白菜) = 白菜と当て字。「白」は백

버리다ポリダ (捨てる) = ポイ捨てのイメージ

별ピョル (星) = 音のイメージから

부모プモ (父母、両親) = 漢字表記「父母」から

부자プジャ (金持ち) = 漢字表記「富者」から

韓国語会話力　STEP UP

불^{プル} (火) = 火や焔 (ほむら) の音のイメージから

불고기^{プルゴギ} (焼き肉) = 불 (= 火) + 고기 (= 肉)

붉다^{ブクタ} (赤い) = 불 (火) の色から

비기다^{ピギダ} (引き分ける、肩を並べる) = 비기を (比肩) と当て字 + 다

비싸다^{ピッサダ} (値が高い) = 비 (非) + 싸다 (安い)

빛^{ピッ} (光) = ピッカリのピッから光を連想

빵^{ッパン} (パン) = 音のとおり

뻔뻔스럽다^{ッポンッポンスロプタ} (図々しい) = ぽんぽん言う + 스럽다 (〜しい)

빨리^{ッパリ} (早く、速く) = ハリアップのイメージ

ㅅ

사^サ (4) = 사の漢字表記「四」から

사라지다^{サラジダ} (消える) = 去る散る다と当て字

사랑스럽다^{サランスロプタ} (可愛らしい) = 사랑 (愛) + 스럽다 (〜らしい)

사랑하다^{サランハダ} (愛する) = 사랑 (愛) + 하다

사탕^{サタン} (飴) = 漢字表記「砂糖」から

삼다^{サムタ} (〜とみなす) = 発音から「さも〜のようだ」と連想

183

새（鳥、新しい〜）=「1番セカンド鳥谷」から、「新しい」と「鳥」を連想。

새다（(夜が) 明ける、漏れる）= 새（新しい）+ 다 →「夜が明ける」→「光が漏れる」と連想

생선（鮮魚、魚）= 漢字表記「生鮮」から

생일（誕生日）= 漢字表記「生日」から

성함（お名前）= 漢字表記は「姓銜」。銜は、馬のくつわ

세（三つの、〜歳）= 音から畝（≒30坪）を連想。세の漢字表記は「歳」

소금（塩）=「食塩」を早口で言って、ソグム

소년（少年）= 소년の漢字表記「少年」から

손가락（指）= 손（手）+ 가락（細長い棒）

손수건（ハンカチ）= 손（手）+ 수건（手巾＝タオル）

숟가락（スプーン）= 숟から「すくう」を連想 + 가락（細長い棒状の物）

숨（息、呼吸）= 音のイメージから

숨다（隠れる）= 숨（息）+ 다で息だけして隠れるイメージ

슬픔（悲しみ）= 発音から「擦る + 픔（胸）」と当て字

시다 (酸っぱい) = 시からシークァーサーのシ (酢) を連想 + 다

시키다 (させる、(料理を) 注文する) = 指揮다と当て字して、「させる」「注文する」と連想。

신기하다 (不思議だ) = 신기 (漢字表記「神奇」) + 하다

십 (10) = 십の漢字表記は「十」

싸우다 (戦う) = 싸우を「争」と当て字 + 다

쓰레기 (ごみ) = スラグ (製鉄の際のかす) のイメージ

ㅇ

아름답다 (美しい、きれいだ) = アルプスの少女ハイジのアルムの森の美しいイメージ

안녕히 (無事に) = 안녕 (安寧) + 히 (〜に)

안다 (抱く) = 안 (中という意味) + 다で、抱くを連想

야채 (野菜) = 漢字表記「野菜」から

약국 (薬局) = 漢字表記「薬局」から

양배추 (キャベツ) = 양 (洋) + 배추 (= 白菜)

양파 (玉葱) = 양 (洋) + 파 (= ねぎ)

어떻게 (どうやって) = 発音のイメージから (どんな) + 떻게 (ットケ→って)

어제(昨日) = 어를(往)と当て字 + 제(= のとき)

언니(妹からみた姉) = 어머니(母)を縮めたようなイメージ→姉

언제나(いつも) = 언제(いつ、いつか) + 나(〜も)

얹다(置く) = 얹から英語の(o n)を連想 + 다で、置く

얼굴(顔) = 「お顔」をもじってオルグル

얼다(凍る) = 発音から→おる→こおる

여동생(妹) = 漢字表記「女同生」から

여러(色々な) = 여러の音から万(よろず)を連想

연세(お年) = 漢字表記「年歳」から

열다(開く) = 「夜だ、居酒屋が開く」と覚える

열심히(一生懸命に) = 열심(熱心) + 히(〜に)

예(例、(返事の)ええ) = 예の漢字表記「例」から。発音から英語のyehを連想

예쁘다(美しい、きれいだ) = イブのようにきれいだ、と連想

예약(予約) = 예약の漢字表記「予約」から

옛 날(昔) = 옛の発音から「いにしえ」を連想 + 날(= 日) → むかし

韓国語会話力　STEP UP

외국 (外国) = 漢字表記「外国」から

우산 (傘) = 漢字表記「雨傘」から

우습다 (おかしい) = 웃다 (笑う) の形容詞形

웃다 (笑う) = 웃の発音から → 薄笑い → 笑う

원하다 (願う) = 원 (漢字表記「願」) + 하다

음료수 (飲料水) = 漢字表記「飲料水」

의사 (医師) = 漢字表記「医師」

의자 (イス) = 漢字表記「椅子」

이렇게 (このように) = 이렇다 (このようだ) + 게 (〜に)

이모 (母の姉妹、おば) = 漢字表記「姨母」から。姨「おば」。

이야기 (話) = 이 (人) + 야 (惹) + 기 (気持ち) で、人の気を惹く「話」

이유 (理由) = 漢字表記「理由」

이 전 (以前) = 漢字表記「以前」

이후 (以後) = 漢字表記「以後」

일기 (日記) = 漢字表記「日記」

잊다 (忘れる) = 잊の発音から「逸」を連想 + 다 → 記憶を逸する

187

ㅈ

자^チャ (定規) = 자の発音から「尺」を連想

작년^チャンニョン (昨年) = 漢字表記「昨年」から

작다^チャクタ (小さい) = 작の音から「弱小」を連想 → 小さい

잡다^チャプタ (つかむ) = 発音から「着捕」をイメージ

재작년^チェジャンニョン (一昨年) = 漢字表記「再昨年」

전기^チョンギ (電気、電灯) = 漢字表記「電気」

전부^チョンブ (全部) = 漢字表記「全部」

전철^チョンチョル (電車) = 漢字表記「電鉄」から

전하다^チョナダ (伝える) = 전 (漢字表記「伝」) + 하다

젓가락^チョッカラク (箸) = 젓(漢字表記「箸」)+가락(細長い棒状のもの)

정도^チョンド (程度) = 漢字表記「程度」

정말^チョンマル (本当) = 정 (正) + 말 (＝ことば)

정확하다^チョンワカダ (正確だ) = 정확 (漢字表記「正確」) + 하다

조용하다^チョヨンハダ (静かだ) = 조용 (調用と当て字→調べを聴く用の静かな) + 하다

주소^チュソ (住所) = 漢字表記「住所」

韓国語会話力　STEP UP

<ruby>주차장<rt>チュチャジャン</rt></ruby>（駐車場）＝ 漢字表記「駐車場」

<ruby>죽다<rt>チュクタ</rt></ruby>（死ぬ）＝ 죽の発音から「<ruby>殉<rt>じゅん</rt></ruby>」をイメージ ＋ 다

<ruby>줄다<rt>チュルダ</rt></ruby>（減る）＝ 줄「鑢（やすり）」＋ 다

<ruby>지나다<rt>チナダ</rt></ruby>（過ぎる）＝ 지（支、地など基準物）＋ 나다（出る）

<ruby>지내다<rt>チネダ</rt></ruby>（過ごす）＝ 지나다（過ぎる）＋ 내다（出す）

<ruby>짐<rt>チム</rt></ruby>（荷物）＝ 짐を「荷物」と当て字

～ <ruby>쯤<rt>ッチュム</rt></ruby>（〜頃）＝ 쯤の発音「ッチュム」を「チュモ」と訛って、「チュ」から「〜中」、「モ」から「もしくはその前後」を連想 → 〜中、もしくはその前後 →「〜頃」という意味を連想。例えば「3日中もしくはその前後」は、ほぼ「3日頃」と同義

大

<ruby>차<rt>チャ</rt></ruby>（車、茶）＝ 漢字表記「車」「茶」等から

<ruby>창문<rt>チャンムン</rt></ruby>（窓）＝ 漢字表記「窓門」

<ruby>춤<rt>チュム</rt></ruby>（踊り）＝「ちゅんちゅんと、雀百まで踊り忘れず」と覚える

<ruby>충분히<rt>チュンブニ</rt></ruby>（充分に）＝ 漢字表記「充分」＋ 히（〜に）

<ruby>치다<rt>チダ</rt></ruby>（打つ）＝ 音の激しいイメージから、「打」つのイメージ

<ruby>친하다<rt>チナダ</rt></ruby>（親しい）＝ 친（漢字表記「親」）＋ 하다

ㅋ

켜다((火、電気を)つける) = 켜を炬火(たいまつ)の炬と当て字

코 (鼻) = 꽃 (華) のほぼ同音異義語として覚える

콩 (豆、大豆) = コーンは一般的にトウモロコシだが、韓国では大豆

ㅌ

탕 (スープ) = 参鶏湯 (サムゲタン) のタン

ㅍ

파 (ネギ) = 薬味のネギをぱっとかけるイメージ

파랗다 (青い) = 파도 (=波) + 랗다 → 青い

편리하다 (便利だ) = 편리 (便利) + 하다

편하다 (安らかだ、便利だ) = 편 (漢字表記「便」) + 하다

피하다 (避ける) = 피 (漢字表記「避」) + 하다

필요 (必要) = 漢字表記 (必要)

韓国語会話力　STEP UP

ㅎ

하늘 (天、空) = ハヌル → ヘブン (天国) を連想

한 (一つの) = 英語の one から連想。政党名ハンナラ党から連想

한참 (しばらく) = 한 (一つの) + 참 (〜とき、ところ)

할아버지 (祖父) = 遥か年上の아버지 (父)

할머니 (祖母) = 遥か年上の어머니 (母)

해 (太陽、陽、年) = 発音から「陽」を連想

화 (怒り、火) = 漢字表記「火」から

화장실 (トイレ) = 漢字表記「化粧室」

활기 (活気) = 漢字表記「活気」

회화 (会話、絵画) = 漢字表記「会話」「絵画」

휴가 (休暇) = 漢字表記 (休暇)

흐르다 (流れる) = 흐르の発音から英語の flow をイメージ

흙 (土) =「フク」の発音から「覆土」→ 土と連想

희다 (白い) = 白という字の読み「ハク、シロ」を融合して희 (ヒ) + 다

힘들다 (大変だ、骨がおれる) = 힘(体力)가 들다 (入っている) → 大変

191

日本語でひく 単語1600語

( )内は掲載章、(p～)は「ハングルを覚える」の章のページ数表示です。

あ

挨拶	인사
愛する	사랑하다
間(9)	동안
アイロン	다리미
会う(4)	만나다
青い	파랗다、푸르다
赤い	붉다、빨갛다
垢抜けている	깔끔하다
上る	오르다、올라가다
明るい(10)	밝다
秋	가을
アクセサリー	액세서리
悪天候だ	궂다
(穴を)あける	뚫다
(夜が)明ける	새다
上げる(7)	들다、올리다
朝(3)	아침
麻	삼
浅い	얕다
あさって	모레
足(3)	발
脚	다리
味	맛
明日(1)	내일
汗	땀
あそこ	저기
遊び騒ぐ	까불다
遊ぶ(6)	놀다
与える(7)	주다
あたたかい	따뜻하다
頭(3)	머리
新しい～	새～
当たる	맞다
厚い	두껍다
暑い(12)	덥다
熱い	뜨겁다
集まる	모이다
後	후
集める	모으다
後で(4)	나중에
穴	구멍
あなた(9)	그대 당신
侮る	깔보다
(妹から見た)兄	오빠
(弟から見た)兄	형
(妹から見た)姉	언니
(弟から見た)姉	누나
あの	저
あのようだ	저렇다
油	기름
甘い	달다
余り	나머지
あまりにも(11)	너무
余る	남다
飴	사탕
雨(2)	비
アメリカ	미국
あやす	달래다
誤って	그릇
洗う	씻다
新たに	새로
現す	나타내다
現れる	나타나다
アリ	개미
ありがたい(3)(11)	감사하다、고맙다
ある(2)	있다
歩いて行く(7)	걸어가다
歩く	걷다
アルバム(12)	앨범
あれ(1)	그것、그거 저것、저거
合わせる(11)	맞추다
慌てる(11)	서두르다
暗記する	외우다
案内(9)	안내
案内する(2)	안내하다

い

胃(p16)	위
いいえ(1)(11)	아뇨、아니오、아니요
言い聞かせる	타이르다
言う(10)	말하다
家	집
怒り	화

192

息	숨
生きる	살다
息をする	쉬다
生き返る	살아나다
行く(p19)	가다
いくつの(3)	몇~
いくら(12)	얼마
池	연못
華道、生け花	꽃꽂이
以後	이후
意志	뜻、의지
医師	의사
石	돌
意地	고집
以上	이상
異常	이상
椅子	걸상、의자
以前	이전
忙しい	바쁘다
急ぐ(11)	서두르다
痛い(5)	아프다
至る	이르다
一	일
一度(12)	한 번
一日(5)	하루
一年	일 년
市場	시장
一番、最も	제일、가장
一番目	첫째
いつ(5)	언제
いつか	언제
一回(12)	한 번

一生懸命に	열심히
いっしょに(p40)(9)	같이、함께
一体全体	도대체
五つ(6)	다섯
一定	일정
一杯(1)	한 잔
一般	일반
いつも	늘、언제나
いとこ(7)	사촌
いない(2)	없다
田舎(10)	시골
犬	개
居眠りする	졸다
祈る	빌다
今(12)(4)	이제、지금
意味	의미、뜻
妹	여동생
嫌だ(10)	싫다
以来	이래
いらっしゃる(11)	계시다
入口	입구
いる(2)	있다
射る	쏘다
入れる	넣다
色	색
色々(の)	갖가지
色々な	갖은、여러
岩	바위
印象	인상
飲料水	음료수

う

上(2)	위
飢える	굶다
植える	심다
浮く	뜨다
生まれる	태어나다
受ける	받다
(試験を)受ける(4)	시험을、보다
動かす	움직이다
動く	움직이다
うさぎ	토끼
牛	소
失う	잃다
後ろ(2)	뒤
薄い	얇다
うそ	거짓말
歌(6)	노래
宇宙	우주
打つ	치다
撃つ	쏘다
美しい	곱다、예쁘다 아름답다、
移す	옮기다
移る	옮다
器	그릇
腕	팔
腕前	솜씨
うどん	우동
奪う	빼앗다
奪われる	빼앗기다
馬	말
うまくいく	잘 되다

海	바다	得る	얻다	惜しい	아깝다
梅	매실	エレベーター(2)	엘리베이터	教える	가르치다
埋める	묻다	延期(11)	연기	おじさん(p25)	아저씨
羨ましい(5)	부럽다	演劇	연극	惜しむ	아끼다
売る(p30)	팔다	鉛筆	연필	お食事(敬語)	진지
うるし(漆)(1)	옻			押す	밀다
嬉しい	기쁘다、반갑다	## お		(印を)押す	찍다
売れる	팔리다	尾	꼬리	遅い	늦다
運転(12)	운전	おいしい(7)	맛있다	おそらく	아마
運動	운동	老いる	늙다	恐れる	무서워하다
		王	왕	怖ろしい	무섭다
## え		多い(4)	많다	お宅(敬語)	댁
絵	그림	大きい(p30)	크다	穏やかだ(10)	온화하다
柄	자루	多く	많이	落ちる	떨어지다、빠지다
エアコン	에어컨	おおげさだ	거창하다	おっしゃる	말씀하시다
永遠	영원	大声(5)	큰 소리	夫	남편
映画(5)	영화	お母様(5)	어머님	音(1)	소리
映画館(9)	극장、영화관	おかしい	가소롭다、우습다	お父さま(11)	아버님
映画鑑賞(6)	영화 감상	おかず	반찬	弟	남동생
影響	영향	お金(9)	돈	お年(尊敬)	연세
営業	영업	小川	시내	訪れる	찾아오다
英語	영어	起きる(3)	일어나다	一昨日	그저께
栄養	영양	置く	놓다、두다	一昨年	재작년
(返事の)ええ	예	贈り物	선물	大人	어른
描く	그리다	送る(9)	보내다	踊り	춤
駅(10)	역	遅れる(7)	늦다	踊る	추다
枝	가지	(火を)起こす	피우다	驚く	놀라다
絵はがき(p40)	그림 엽서	お言葉(敬語)	말씀	同じく	또한
エビ(12)	새우	怒る(p30)	화나다、화내다	同じだ	같다
選び抜く	뽑다	お酒(敬語)	약주	お名前(尊敬)	성함
選ぶ	고르다	幼い	어리다	母の姉妹、おば	이모

韓国語会話力 STEP UP（日本語順索引）

おばさん	아주머니
覚える	외우다
溺れる	빠지다
お目にかかる(6)	뵙다
重い	무겁다
面白い(4)	재미있다
主に	주로
趣(10)	멋
お休みになる(11)	주무시다
及ぶ	걸치다
下りる(3)	내리다
折る	꺾다
終わり	끝
終わる(6)	끝나다、마치다
音楽(5)	음악
音楽会(p39)	음악회
温泉	온천
温度	온도
オンドル(韓国式床暖房)	온돌
温和だ(10)	온화하다

か

蚊	모기
〜が(敬語)(12)	께서
〜が	가 / 이
〜階(2)	〜층
〜回(9)	〜번
絵画	회화
海外	해외
会議(5)	회의
会計(12)	회계
解決	해결
外国	외국
会社(8)	회사
会社員(6)	회사원
外食(12)	외식
改善	개선
回転する(12)	돌아가다、회전하다
概念	개념
開発	개발
買い物(6)	쇼핑
会話	회화
(切符を)買う	끊다
買う(p24)	사다
飼う	기르다、치다
帰ってくる	돌아오다
帰る(12)	돌아가다
変える	갈다、바꾸다
替える	갈다、바꾸다
カエル	개구리
顔	얼굴
香り	향기
価格(p30)	값、가격
科学	과학
鏡	거울
かかる(3)	걸리다
関わる	관하다
柿	감
鍵(2)	키、열쇠
書き写す	베끼다
科挙	과거
書く(p27)	쓰다
嗅ぐ	맡다
額	이마
隠す	감추다、숨기다
学生(1)	학생
確認	확인
隠れる	숨다
影	그림자
駆けつける(11)	달려가다
かける	걸다、곱하다
(鍵を)かける	잠그다
過去	과거
過酷だ	가혹하다
傘	우산
菓子	과자
〜ヶ所	〜곳
貸す(12)	빌려주다
数	수
風(10)	바람
風邪	감기
かせぐ	벌다
数える(3)	세다
家族(12)	가족
肩	어깨
方(敬語)(4)	분
(水分が少なく)固い	되다
硬い(p180)	딱딱하다
傾く	기울다
肩を並べる	비기다

195

価値(p30)	값、가치
勝つ	이기다
活気	활기
学校	학교
活動	활동
カップル(8)	커플
渇望	갈망
仮定	가정
家庭	가정
過程	과정
悲しみ	슬픔
必ず	반드시、꼭
かなり	꽤
蟹	게
金持ち	부자
兼ねる	겸하다
可能だ	가능하다
彼女(11)	그녀、여자친구
鞄	가방
か細い	가느다랗다、가늘다
釜	가마
構わない(7)	괜찮다
我慢する (こらえる)	참다
紙	종이
噛み砕く	잘널다
噛みつく	물다
雷	천둥
髪を切る	머리를 자르다
噛む(咀嚼する)	씹다

カメラ	카메라
通う	다니다
～から (時、順序)(3)	～부터
～から(場所) (3)(12)	에서、서
～から (人、動物。話し言葉)	한테서
～から (人、動物)	에게서
辛い	맵다
ガラス(1)	유리
体(3)	몸
借りる	빌리다、꾸다
刈る	깎다
軽い	가볍다
カルビ	갈비
彼	그、그 사람
川(p30)	강
～側	～쪽
かわいい	귀엽다
かわいそうだ	가련하다
可愛らしい	사랑스럽다
乾く(干上がる)	마르다
代わり	대신
皮をむく(p18)	까다
～間	～간
～巻	～권
考える(p25)	생각하다
感覚	감각
関係	관계
感激	감격

観光(3)	관광
観光客(10)	관광객
韓国(1)	한국
韓国語(5)	한국어
韓国料理店	한식집
看護師(6)	간호사
観察	관찰
漢字	한자
感情	감정
頑丈だ	튼튼하다
感じる	느끼다
関心	관심
完成	완성
乾燥	건조
簡単だ	간단하다
勧誘	권유
管理	관리

き

木	나무
黄色い	노랗다
消える	꺼지다
記憶	기억
機会	기회
機械	기계
着替える(6)	갈아입다
気がかりだ	궁금하다
期間(9)	기간、동안
桔梗	도라지
菊	국화
聞く(5)	듣다
気候	기후

韓国語会話力 STEP UP（日本語順索引）

記号	기호
聞こえる	들리다
帰国	귀국
生地	천
汽車	기차
技術	기술
基準	기준
築く	쌓다
季節	계절
基礎	기초
競う	겨루다
規則	규칙
北	북쪽
期待	기대
貴重だ	귀중하다
貴重品	귀중품
きっと(9)	꼭
切符(p30)	표、차표
規定	규정
記念、祈念	기념
機能	기능
昨日	어제、어저께
技能	기능
気分(4)	기분
規模	규모
基本	기본
君(1)	너
君たち	너희
奇妙だ	이상하다
キムチ(1)	김치
気難しい	까다롭다
決める	정하다
客	손님

キャベツ	양배추
九(2)	구
休暇	휴가
急行(p39)	급행
90（の）	구십、아흔
急に	갑자기
牛肉	소고기
牛乳(p16)	우유
給与	급여
今日(4)	오늘
教育	교육
教科書(8)	교과서
教室(2)	교실
教授	교수
競争	경쟁
器用だ	깔끔하다
兄弟(1)	형제
兄弟(兄と妹)(12)	남매
共同	공동
教養	교양
協力	협력
強力だ	강력하다
曲調	가락
去年	지난해、작년
距離	거리
嫌いだ(10)	싫다、싫어하다
嫌う	싫어하다
気力	기운
切る	끊다、자르다
着る(3)	입다
きれいだ	아름답다、예쁘다

記録	기록
金	금
均一だ	고르다
禁煙(p39)	금연
緊急	긴급
銀行(p39)	은행
禁止	금지
近所	근처
禁ずる	금하다
金属	금속
近代	근대
緊張	긴장
勤勉だ	부지런하다
金曜日	금요일

く

空気	공기
空港(5)	공항
空腹	시장
空腹だ	배가 고프다
釘	못
草	풀
臭い	냄새가 고약하다、냄새가 나다
草野球(6)	동네 야구
腐る	썩다
櫛	빗
くすぐったい	간지럽다
薬(8)	약
くせ	버릇
果物	과일
口	입

197

靴(p38)	신발、구두	経済	경제	健康	건강
苦痛	고통	警察	경찰	健康だ	건강하다
靴下	양말	計算	계산	げんこつ	주먹
国(9)	나라	芸術	예술	現在	현재
配る(3)	나누다	鶏卵(10)	계란、달걀	健全だ	건전하다
首	고개、목	計略	계략	現代	현대
工夫(8)	연구	怪我する	다치다	見物	구경
熊(2)	곰	劇場	극장	権利	권리
組み立てる(p29)	짜다	夏至	하지	権力	권력
雲	구름	景色	경치		
暗い	어둡다	化粧(3)	화장	## こ	
～くらい(4)	～쯤	消す	끄다	～個	～개
暮らす	살다	削る	깎다	五(p16)	오
比べる	비하다	結果	결과	濃い	진하다、짙다
栗	밤	欠陥	결함	恋(10)	연애、사랑
苦慮	고려	結婚	결혼	子犬	강아지
来る(3)	오다	決して	결코	恋人(8)	애인
苦しい	괴롭다	欠如する	결여되다	公園	공원
苦しむ	괴로워하다	決心	결심	効果	효과
車	차	欠席する(3)	쉬다	合格	합격
黒い	검다、까맣다	決定(12)	결정	合格する(8)	붙다、합격하다
苦労	고생	欠点	결점、단점	交換(11)	교환
黒字	흑자	月曜日	월요일	工業	공업
加える	가하다	気配	기	光景	광경
		煙	연기	広告	광고
## け		蹴る(p30)	차다	口座	계좌
毛	털	けれども(8)	하지만、그러나	交際する	사귀다
経営(12)	경영	原因	까닭、원인	工事	공사
計画(8)	계획	玄関(11)	현관	～号室(2)	～호실
(時が)経過する	넘어가다	元気	기、힘	工場(10)	공장
経験	경험	元気だ(1)	안녕하다	紅茶(1)	홍차
経験する	겪다	研究(8)	연구	交通	교통

韓国語会話力 STEP UP（日本語順索引）

公務員（1）	공무원
紅葉	단풍
考慮	고려
声（1）	소리、목소리
コート	코트
コーヒー（p30）（1）	커피
コーラ	콜라
凍る	얼다
呼吸	숨、호흡
故郷	고향
国内（p37）	국내
穀物	곡물
ここ	이곳
ここ（に）（1）	여기
午後（3）	오후
九つ（3）	아홉
心	마음
小雨	가랑비
腰かけ	걸상
50（の）	오십、쉰
個人	개인
超す	지나다
こする	비비다
午前（4）	오전
答え	대답
小遣い	용돈
小包（9）	소포
コップ	컵
こと	것
今年	금년、올해
異なっている	다르다
～ごとに	～마다

言葉	말
子供（p16）	아이
粉	가루
この～	이
この程度の	이만
好む（5）	좋아하다、즐기다
このようだ	이렇다
ご飯	밥
こぼす	쏟다、흘리다
ごま	깨
非常に細かい	가느다랗다
細かい	잘다
困る	곤란하다
ごみ	쓰레기
小麦粉	밀가루
米	쌀
込める	담다
ゴルフ（6）	골프
これ（1）	이것、이거
～頃	～경
転がる	구르다
～ころに	께서
壊す	깨다
今回（9）	이번
根拠	근거
コンサート（5）	콘서트
昆虫	곤충
今度（9）	이번
困難（p39）	곤란

さ

さあ	어서、자

～歳	살、세
細菌	세균
最高	최고
最初（1）	처음
最大	최대
財布	지갑
細胞	세포
材料	거리
材料となるもの	감
～さえ（11）	～조차、마저
探す（8）	찾다
魚	물고기、생선
先（2）	앞、끝
先に	먼저
咲く（5）	피다
作成する（12）	만들다、꾸미다
昨年	작년
作文（p40）	작문
作物	작물
桜	벚꽃
探る	살피다
酒（7）	술
避ける	피하다
裂ける（p30）	터지다
捧げる	바치다
～さじ	～술
差し上げる	드리다、올리다
挿す	꽂다
さすが	과연
させる	시키다
誘う	권하다

199

定める	정하다	～しか(12)	밖에	じっと	가만히
～冊	～권	司会	사회	じっとしている	가만있다
サッカー(6)	축구	しかし(8)	하지만, 그러나	質問(2)	질문
さっき	아까			自転車	자전거
雑誌(p39)	잡지	時間(3)(7)	시, 시간	指導(p29)	지도
さっと	쭉	指揮	지휘	児童(子ども)	어린이
サツマ芋	고구마	しきりに	자꾸	自動車(p26)	자동차
砂糖	설탕	敷く	깔다	自動販売機(2)	자동판매기
作動	작동	試験(4)	시험		
緑青(さび)	녹	～時限(校時)	교시	市内	시내
座布団	방석	自己	자기	品物	물건
さほど	그다지, 그리, 별로	嗜好	기호	死ぬ	죽다
		仕事(7)	일	偲ぶ	그리다
～様(6)	～님	仕事をする(5)	일하다	支配	지배
寒い(p30)	춥다	事実	사실	しばしば	자주
参鶏湯(7)	삼계탕	自主	자주	しばらく	한참
覚める	깨다	辞書	사전	縛る	매다
皿	접시	事情	까닭, 사연	自分	자기
猿	원숭이	自信(2)	자신	島	섬
騒がしい	시끄럽다	自身	자신	事務所	사무실
触る	만지다	静かだ	조용하다	締切	마감
～さん(6)	～님	自然	자연	示す	가리키다
三(2)	삼	下(2)	밑	社会	사회
参考	참고	下(下方)(2)	아래	じゃが芋	감자
30(の)(3)	삼십, 서른	舌	혀	謝罪	사과
賛成	찬성	時代	시대	写真(12)	사진
散歩(散策)	산책	慕う	그리다	社長(12)	사장
		従う(p20)	따라가다	シャツ	셔츠
し		親しい	친하다	10(の)(3)	십, 열
～氏(8)	～씨	市長	시장	自由	자유
自営業(6)	자영업자	実家(6)	친정	宗教	종교
塩	소금	じっくりと(12)	푹	就業(8)	취업
塩辛い(p29)	짜다	疾走する	달아나다	終日(5)	종일

韓国語会話力 STEP UP（日本語順索引）

住所	주소	条件	조건	記す	적다
就職	취업	正午(6)	정오	白い	희다、하얗다
ジュース(1)	주스	称賛	칭찬	しわがれる	쉬다
修繕する	고치다	障子	미닫이	人口	인구
住宅	주택	乗車券(1)	차표	真摯だ	진지하다
～周年	～돌	生じる(p20)	나다、생기다 일어나다	人事	인사
充分に	충분히			信じる	믿다
十万(p40)	십만	上手だ(9)	잘하다	人生(9)	인생
修理(10)	수리	上手に(6)	잘	親戚(9)	친척
授業	수업	状態	상태	親切(4)	친절
塾(6)	학원	冗談(8)	농담	身長	키
宿題(4)	숙제	少年	소년	心配(10)	걱정、염려
種子	씨	丈夫だ	튼튼하다	心配する	걱정하다
主人	주인	醤油	간장	心配だ	궁금하다
主張	주장	将来	장래	心配になる	걱정되다
出勤	출근	ジョギング(6)	조깅	新聞(5)	신문
出場	출장	職業(1)	직업	深夜(6)	심야
出張	출장	食事(p38)	식사		
出発(11)	출발	食事を抜く	굶다	**す**	
出発する	떠나다、출발하다	食卓	식탁	水泳	수영
		食堂(p38)	식당	スイカ	수박
出版される(7)	출판되다	植物	식물	水田	논
出費(12)	출비	食物	식물	水道	수도
首都	수도	食用油(p39)	식용유	吸う	빨다
主婦(1)	주부	食料品(p40)	식료품	(煙草を)吸う	피우다
趣味(1)	취미	女子(6)	여자	水原(地名)(9)	수원
種類	가지、종류	女性(6)	여자、여성		
順番	차례	食券(1)	식권	図々しい	뻔뻔스럽다
準備(10)	준비	知らない(7)	모르다	スープ	국、탕
紹介(4)	소개	調べる	살피다	スカート	치마
正月(p39)	설날	尻	궁둥이	好きだ(3)(5)	좋다、좋아하다
小学校	초등학교	退く	비키다		
定規	자	知る(3)	알다	過ぎる	지나다

201

過ぎ行く(10)	지나가다	座る(3)	앉다		ゼロ	공、영、제로
すぐ	곧	澄んでいる	맑다		千	천
すくう	뜨다				全〜	온〜
少ない	적다	## せ			洗顔(3)	세수
少なく	덜				鮮魚	생선
優れている	낫다	(〜の)せい	〜탓		先月(5)	지난달、전달
スケジュール(4)	스케줄	正確だ	정확하다		前後	전후
少し(12)	조금	生活	생활		専攻(7)	전공
過ごす	지내다	逝去される	돌아가시다		洗剤	세제
涼しい	시원하다	税金	세금		扇子	부채
進む	나아가다	清潔	청결		先生(4)	선생(님)
頭痛薬(p39)	두통약	清潔だ	깨끗하다、청결하다		全然	전혀
すっきりしている	시원하다	成功	성공		戦争	전쟁
ずっと	쭉	政治	정치		洗濯、洗濯物(3)	빨래
酸っぱい	시다	青春	청춘		洗濯する	빨다
すっぽりと(12)	푹	成績	성적		全部	전부
すでに	벌써	青年(10)	청년		専門学校(6)	학원
捨てる	버리다	背負う	업다			
ストーリー(10)	스토리	世界	세계		## そ	
砂	모래	席(2)	자리		僧	중、승려
スプーン	숟가락	咳(せき)(8)	기침		そう言う	그러다
全て(10)	모두、다	責任	책임		掃除(3)	청소
全ての	모든	世代	세대		そうする	그러다
滑る	미끄러지다	石鹸	비누		相談	의논
スポーツ(10)	스포츠	切実だ	간절하다		ソウル(11)	서울
ズボン(p24)	바지	摂取する	취하다、섭취하다		底	바닥
すまない(7)	미안하다	絶対	절대		そこ	거기
ずらりと	쭉	背中	등		そこに	그리
する(3)	하다	是非(9)	꼭		そして	그리고
鋭い	날카롭다	背広	양복		注ぐ	붓다
すると	그러자	狭い(3)	좁다		(酒を)注ぐ	따르다

韓国語会話力 STEP UP（日本語順索引）

（心を）注ぐ	쏟다	退社	퇴근	畳む	접다、개다
育つ	자라다	大衆	대중	～達(5)	～들
育てる	기르다、가꾸다	大丈夫だ(7)	괜찮다	立ち上がる	일어서다
卒業	졸업	大臣(5)	장관	立つ(p24)	서다
率直だ(10)	솔직하다	大豆	콩	たった今	막、방금
外(2)	밖	台所	부엌	縦（に）	세로
外側	바깥	代表	대표	建物	건물
その(2)	그	台風	태풍	立てる	세우다
その間（かん）、その後	그 동안	大変（なこと）	큰일	建てる	짓다
そのまま	그냥、그대로	大変だ	힘들다	たとえ	가령、비록
そのままだ	고스란하다	太陽	태양、해	谷間	골짜기
そのようだ	그렇다	耐える	견디다	他人	남、타인
祖父	할아버지	だが	그러나	楽しい	즐겁다
祖母	할머니	高い	높다	楽しむ	즐기다
空	하늘	（値が）高い	비싸다	頼み(6)	부탁
それ(1)	그것、그거	互いに	서로	煙草	담배
それくらいで	그만	耕す	갈다	食べ物	음식
それで	그래서	だから(8)	그래서、그러니까	食べる(p20)(4)	먹다、들다
それでは(9)	그러면	（ご飯を）炊く	짓다	玉	옥
それなら	그러면、그럼	抱く	안다	たまご(10)	계란、달걀
それゆえ	그러므로	タクシー(5)	택시	たまご焼き(10)	계란말이
		竹	대나무	たまたま	마침
## た		～だけ(4)	만、뿐	黙っている	가만있다
鯛	도미	凧	연	玉葱	양파
たいがい	대개	出す(3)	내다	たまる(4)	밀리다、쌓이다
大学	대학교	助かる	살아나다	試す	시험하다
大学院(7)	대학원	助ける	돕다	ためらう	주저하다
大学生(6)	대학생	訪ねる	찾다	足りない	모자라다
待遇	대우	尋ねる	묻다	誰(p20)	누구
大根	무	戦う	싸우다	単語	단어
		ただし	다만		
		正しくない	그르다		

203

男子(6)	남자
誕生日(尊敬語)	생신
誕生日	생일
だんだんと	점점
単に	다만
暖房	난방
暖炉	난로

ち

血	피
小さい	작다
チェックアウト(11)	체크아웃
近い	가깝다
違う	다르다
近くに	가까이
近ごろ	요즘
地下鉄(1)	지하철
地図(p29)	지도
父(p38)	아버지
茶	차
茶店	다방
茶碗	밥그릇
注意	주의
チューインガム	껌
中学生	중학생
中	중, 중간
中国(7)	중국
駐車場	주차장
昼食(4)	점심
昼食時(6)	점심 때
注目(10)	주목
注文	주문

(料理を)注文する	시키다
蝶	나비
朝食(3)	아침
朝鮮人参	인삼
ちょうど	마침
ちょうどその時刻	정각
町内	동네
調和する(8)	어울리다
貯金	저금
ちょっと(7)(12)	좀、조금
散る	지다

つ

通勤	통근
使い道	쓸모
使う(p24)	사용하다, 쓰다
つかむ	잡다
疲れている(12)	피곤하다
月(p31)	달
月(暦)	달, 월
突き刺す	찍다
次(の)(9)	다음
着く(p20)	도착하다, 이르다
付く	붙다
机	책상
作る	만들다, 짓다
(火、電気を)つける	켜다

付ける	붙이다
漬ける	담그다
伝える	전하다
土	흙
続ける	계속하다
包む(p24)	싸다
つなぐ	대다
つねる	꼬집다
つば	침
翼	날개
妻(6)	아내
つまらない	재미없다, 싱겁다
積む	쌓다, 싣다
摘む(p20)	따다
冷たい(p30)	차다, 차갑다
梅雨	장마
強い(3)	세다, 강하다
釣り(6)	낚시
つり銭	거스름돈
吊るす	달다
つるつるだ	미끈미끈하다

て

手(3)	손
～で(道具、材料、方向、原因等)(7)	로 / 으로
～で(場所)(3)(12)	서、에서
～で(場所、点、時間等)(2)	에
定刻	정각

韓国語会話力 STEP UP（日本語順索引）

程度	정도
デート(6)	데이트
出かける	나가다
手紙(10)	편지
敵	적
出口	출구
手伝う	돕다
鉄道	철도
出てくる	나오다
～でない(1)	아니다
デパート(p39)	백화점
手袋	장갑
～でも(1)	라도/이라도
出る(p20)	나다、나가다
照れくさい	간지럽다
テレビ(12)	텔레비전
天	하늘
店員(6)	점원
展開(10)	전개
天気(4)	날씨
電気	전기
天気予報	일기 예보
天国	천국
電車	전철
伝統	전통
電灯	전기
電話(11)	전화

と

～と(3)	하고、과、와
戸(p31)	문
～度(9)	～번
トイレ	화장실
トウガラシ	고추
峠	고개
当然だ	당연하다
当地	이곳
父ちゃん	아빠
頭髪(3)	머리
豆腐	두부
動物	동물
とうもろこし	옥수수
同僚(6)	동료
道路	도로
遠い	멀다
遠く	멀리
十の(2)	십、열
時(3)	때
(した)時(10)	～적
時たま	가끔
解く	풀다
研ぐ	갈다
読書(6)	독서
特に	특히
特別	특별
時計	시계
融ける、溶ける	녹다
どこ(2)、どこか	어디
所	데
ところが(9)	그렇지만、그런데
ところで(5)	그런데
閉ざす	잠그다
都市	도시
図書館	도서관
図書券(7)	도서상품권
閉じる	닫다
土地	토지
どちら	어느 쪽
滞る(4)	밀리다
とどまる	그치다
どの(1)	어느
どのくらい(3)	얼마나
扉(p31)	문
跳ぶ(3)	뛰다
飛ぶ	날다
トマト	토마토
泊まる	묵다、자다
～とみなす	삼다
ともかく	우선
友だち(4)	친구
土曜日	토요일
トラ	호랑이
ドライブ(6)	드라이브
ドラマ(4)	드라마
鳥	새
取り込む	거두다
取りそろえる	갖추다
取り出す	꺼내다
取り外す	떼다
取引	거래
取り戻す	찾다
塗料	칠
(写真を)撮る(12)	찍다
どれくらい(3)	얼마나

な

ない(2)(4)	없다
内容	내용
直す	고치다
治る(12)	낫다
中(2)	속、안
長い	길다
長く	길게、오랫동안
長さ	길이
泣かせる	울리다
流れる	흐르다
泣く(5)	울다
なくす	잃다、잃어버리다
なくなる	사라지다
殴る	갈기다、치다
投げる	던지다
梨(3)	배
成し遂げる	이루다
～なしに	～없이
なじみだ	익숙하다
茄子	가지
なぜ(p16)	왜
なぜだか	왠지
なだめる	달래다
夏(12)	여름
懐かしい	반갑다
納得	납득
夏休み	여름 방학
～等	～ 등
七	칠
70(の)	칠십、일흔
七つの(3)	일곱
何(1)(3)(5)	무엇、몇～、뭐(縮約形)
何か(5)	무슨
鍋	냄비
鍋料理	찌개
生意気だ	건방지다
名前	이름
涙	눈물
悩む	괴로워하다
習う(p24)	배우다
鳴らす	울리다
(～に)なる(3)	되다
慣れている	익숙하다
何だって(8)	뭐
何の(5)	무슨
南北	남북

に

～に(場所、点、時間)(2)	에
～に(人・動物)	에게
～に(에게、한테の敬語体)	께
～に(에게の話し言葉)	한테
二(9)	이
似合う(8)	어울리다
臭い	냄새
苦い(p24)	쓰다
肉(p38)	고기、살
憎い	밉다
逃げる	도망치다、달아나다
煮込む	고다
濁す	흐리다
西	서쪽
虹	무지개
20	이십、스물
20の	스무
偽物(p30)	가짜
載せる	싣다
日曜日(1)	일요일
日記	일기
日光(10)	햇빛
日中(p31)	낮
日程	일정
似ている	닮다、비슷하다
日本(1)	일본
日本語(12)	일본말
～にも(2)	에도
荷物	짐
入学	입학
入試(6)	입시
入社(8)	입사
似る	닮다
にわとり	닭
人間(1)	사람
認定する	인정하다
ニンニク	마늘

ぬ

(途中を)抜かす	거르다

抜く	뽑다
脱ぐ	벗다
抜け出す	벗어나다
抜ける	빠지다
ぬれる	젖다

ね

根	뿌리
値上げ	인상
願い	바람
願う	원하다
ネギ	파
ネクタイ(5)	넥타이
猫(2)	고양이
ねずみ	쥐
熱(2)	열
熱中する(10)	빠져들다
寝床	잠자리
眠い	졸리다
眠り	잠
眠る(6)	자다
ねらい	가늠、목표
寝る(6)	자다、눕다
年(9)	년(연)、해
年齢	나이

の

～の(所有)(7)	의
ノート	공책、노트
残す	남기다
残り	나머지
残る	남다
乗せる	태우다
のどかだ(10)	조용하고、한가롭다
野原	들
伸びる(10)	늘다
登る	올라가다
飲み過ぎ	과음
飲む(p20)(4)	마시다、먹다
海苔	김
糊	풀
乗り換える	갈아타다
海苔巻き	김밥
乗る(p30)	타다
のろい	느리다

は

～は(1)	는、은、가、이
葉	잎
歯	이
場合	경우
はい(1)	네、예
～倍	～배
倍する	곱하다
入ってくる	들어오다
売店	매점
入る	들어가다
這う	기다
葉書	엽서
はかり	저울
測る	재다
履物(p38)	신발
履く	신다、입다
～泊	～박
白菜	배추
はけ	솔
箱	상자
ハサミ	가위
端	가、가장자리
箸	젓가락
橋	다리
走って行く(11)	달려가다
始まる(10)	시작되다
初めて(6)	처음
始める(10)	시작하다
場所(2)(3)	자리、장소、곳
柱	기둥
走る(3)	닫다、뛰다
バス(3)	버스
畑	밭
働く(5)	일하다
八	팔
80(の)	팔십、여든
発音	발음
発見	발견
発達	발달
発表会	발표회
花(2)	꽃
鼻	코
話	이야기、말
話しあい	의논
離れる	떠나다
母(1)	어머니
幅	폭
歯ブラシ	칫솔
歯磨き(3)	양치질

歯磨き粉	치약	日陰	그늘	皮肉る	꼬집다
速い(p24)	빠르다	東	동쪽	日の出(p40)	해돋이
早い	이르다	光	빛	ひび	금
速く(7)	빨리	惹かれる	끌리다	ビビンバ	비빔밥
早く	일찍	引き受ける	맡다	暇	틈
(さあ)速く	어서	引き戸	미닫이	百(2)	백
林	숲	引き抜く	빼다	百貨店(p39)	백화점
腹	배	引き分ける	비기다	票(p5)	표
(雨などが)ぱらつく	뿌리다	(線を)引く	긋다	病院(5)	병원
春(7)	봄	引く	끌다、당기다	病気	병
遥かに	멀리	低い	낮다	表現(10)	표현
晴れている	맑다	飛行機	비행기	表情	표정
晴れる(7)	개다	ひざ	무릎	表面(うわべ)	겉、표연
腫れる	붓다	日差し(10)	햇빛	ピョンヤン	평양
歯を磨く	양치질하다	久しい	오래 되다、오랜만이다	開く(3)(5)	펴다、피다、열다
晩(3)	밤	美術	미술	ピラフ(12)	필라프
～番(9)	～번	非常に(5)	매우、아주、대단히、무척	昼(p31)	낮
パン	빵			広い	넓다
ハンカチ	손수건	浸す	담그다	拡げる	펴다
ハンコ	도장	左、左側(2)	왼쪽	昼ごろ(6)	점심 때
反対	반대	浸る	젖다	広場	광장
反対に	거꾸로	引っ越し(8)	이사	～瓶(序数詞)	～병
半分	반、절반	必要	필요	貧乏	가난
		ビデオ	비디오		
ひ		人(1)	사람	**ふ**	
火	불	(花や雪の)ひとかたまり	송이	封筒(2)	봉투
日(7)	날、일	一つ(3)	하나	夫婦	부부
比(2)	비	一つの	한	増える(10)	늘다
陽	해	一人で	혼자	深い	깊다
秀でている(p39)	잘나다	びっくりする	깜짝 놀라다	深く	깊이
ビール	맥주	引っ越し(8)	이사	深さ	깊이

韓国語会話力 STEP UP（日本語順索引）

(風が)吹く	불다
服(1)	옷
複雑だ	까다롭다
復習(12)	복습
無作法だ	버릇이 없다
ふさわしい(8)	어울리다
不思議だ	신기하다
無事に	안녕히、무사히
ぶすりと	푹
豚	돼지
再び(p20)	다시、도로、또
二つ(p31)	둘
二つの	두
二日(間)	이틀
ぶつかる(11)	부딪치다
ぶつける	부딪치다
物件	물건
太い	굵다
ぶどう	포도
布団	이불
船(3)	배
不便	불편
父母	부모
踏む	밟다
冬(8)	겨울
ぶら下がる	달리다、달려 있다
ブラシ	솔
ぶらんこ	그네
振り返る(5)	뒤돌아보다
振る	흔들다

古い	낡다
震える	떨리다
故郷	고향
触れる	대다
～分(3)	～분
文化	문화
文学(7)	문학
文章	글

へ

～へ(場所、点、時間等)(2)	에
平均	평균
兵士	병사
平和	평화
下手だ	서투르다
ベッド(2)	침대
別に	따로
別に(否定の表現と共に用いられて)	별로
別の～	다른
ヘビ	뱀
部屋(2)	방
減らす	덜다
へり	가장자리
減る	줄어들다、줄다
勉強(5)	공부
偏屈だ	고약하다
変だ	이상하다
返答	대답
弁当	도시락

便利だ	편리하다、편하다

ほ

貿易	무역
望遠鏡	망원경
ほうき	비
帽子	모자
放送される(10)	방송되다
豊年	풍년
方法、手段(9)	수
方面	쪽
ほお	뺨
ボール	공
他に	따로
僕(6)	나
ほこり	먼지
星	별
干す	널다、말리다
細い	가늘다
勃発する(p30)	터지다
ポップス(5)	팝송
ホテル(3)	호텔
ほとんど	거의
骨	뼈
本(1)	책
～本(序数詞)	～자루
本当	진짜、정말、참
本物	진짜
本来(p39)	본래

209

ま

～枚	～장
毎週(6)	매주
毎日	매일
前(2)	앞
曲がる	굽다
巻く	감다
蒔く	심다
幕	막
負ける	지다
孫	손자
まず	우선
貧しい	가난하다、궁하다、어렵다
混ぜる	비비다
また	또
まだ(9)	아직
または	또는
街	거리
間違い	잘못
間違いなく	틀림없이
間違える	틀리다
松	소나무
待つ(7)	기다리다
真っ黒い	까맣다
真っ白だ	하얗다
まっすぐに	바로
～まで(p20)	까지
～までも	마저
窓	창문
まとめてくくる	꾸리다
学ぶ(p24)	배우다
間にあう	대다
ママ(5)	엄마
豆	콩
間もなく	금방
守る(8)	지키다
まるで	마치
回ってくる	돌아오다
万(4)	만
万一(7)	혹시
真ん中	가운데
満腹だ(5)	배(가)부르다

み

見える	보이다
見送る(11)	바래다주다、배웅하다
ミカン	귤
右側(2)	오른쪽
見下す	깔보다
短い	짧다
水	물
水っぽい	싱겁다
店(p19)	가게
見せる	보이다
味噌	된장
味噌・醤油等	장
道	길
充ちる(5)	차다
蜜、はちみつ	꿀
三つ	셋
三つの	세
皆(10)	모두、다
港(2)	항구
南	남쪽
醜い	추악하다、밉다
耳	귀
土産(4)	선물
明洞(地名)(7)	명동
未来	미래
見る(3)	보다
(夢を)見る	(꿈을)꾸다
見渡す	바라보다

む

迎える	맞다、맞이하다
昔	옛날
麦	보리
麦茶	보리차
難しい	어렵다
息子	아들
結ぶ	매다
娘	딸
夢中だ(没頭している)	골똘하다
夢中になる(10)	빠져들다
六つの	여섯
胸	가슴
むやみに	함부로
村	마을
無料で	그냥

韓国語会話力 STEP UP（日本語順索引）

め

目	눈
芽	눈
～名(序数詞)	～명
目上の人	어른
メールアドレス	메일어드레스
メガネ	안경
目が見えなくなる	멀다
目覚める	뜨다
召上がる(11)	드시다、잡수시다
メニュー	메뉴、차림표
目を閉じる	눈을 감다
面倒だ	까다롭다
面目(11)	면목

も

～も(1)	도
もう一度(p20)	다시
儲ける	벌다
申しわけない(11)	죄송하다
毛布	담요
燃える(p30)	타다
目次	차례
目的	목적
文字	글、글자
もしも(7)	혹시
もしもし(4)	여보세요
餅	떡
持つ(7)	들다、가지다
もったいない	아깝다
持って行く	가져가다
持ってくる	가져오다
もっと	더、더욱
最も	가장
求める	구하다
者	자、사람
もの(1)	것、거(縮約形)
もはや(12)	이제
桃	복숭아
もやし	숙주
もらう(p30)(1)	타다、받다
森	숲
盛る	담다
漏れる	새다

や

やかん	주전자
焼き肉	불고기
野球	야구
焼く	굽다、태우다
約束(8)	약속
やけどする(10)	데다
野菜	야채
優しい	상냥하다、자상하다、착하다
安い(p24)	싸다
(学校の長期の)休み	방학
休む(3)	쉬다
安らかだ	편하다
やたらに	막
薬局	약국
八つの	여덟
やっと	가까스로、겨우
屋根(10)	지붕
やはり	역시、과연
山	산
病	병
止む	그치다
止める(7)	말다、그치다
やりくりする	꾸리다
柔らかい	부드럽다

ゆ

夕方(4)	저녁
勇気	용기
雄大だ	거창하다
夕飯(4)	저녁
床	바닥
雪(2)	눈
湯気	김
ゆっくりと(p30)	천천히
ゆでる	삶다
指	손가락
指輪	반지
揺らす	흔들다
ゆり	백합
許す(p30)	허락하다
許すこと	용서
(上下に)揺れる	까불다

211

よ

夜明け	새벽
良い(3)	좋다
酔う	취하다
容易だ	쉽다
曜日	요일
欲	욕심
よく(6)	잘
よける	비키다、피하다
横(2)	옆
横(に)	가로
横たわる	눕다
予習	예습
予想	예상
四つ(3)	넷
四つの(3)	네
予定(7)	예정
予備	예비
予備校(6)	학원
呼ぶ(5)	부르다
予防	예방
読む(8)	읽다
予約	예약
～より(3)	보다
喜び	기쁨
喜んで	기꺼이
弱い(p39)	약하다
四	사
40(の)	사십、마흔

ら

～ら(5)	～들
ラーメン	라면
来週	내주、다음 주
来年(7)	내년
ラジオ	라디오

り

理想	이상
立派だ	훌륭하다
理由	탓、이유
利用	이용
料金	요금
料理	요리
旅館	여관
旅行(1)	여행
離陸(4)	이륙
両親	부모
リンゴ(3)	사과

れ

例	예
例外	예외
礼儀	예의
冷蔵庫	냉장고
例年	예년
冷房	냉방
冷麺	냉면
歴史	역사
恋愛(10)	연애
連休	연휴
練習	연습

ろ

廊下	복도
老人	노인
労働	노동
朗読	낭독
ろ過する	거르다
六(12)	육
60(の)	육십、예순
ろくに	제대로
路地	골목
肋骨	갈비

わ

若い	젊다
分からない(7)	모르다
分かる(3)	알다
分かれる	갈라지다
別れる	헤어지다
沸く	끓다
分ける(3)	가르다、나누다
わざと	일부러
わざわざ	일부러
煩わしい	괴롭다
忘れる	잊다
私ども	저희
私(1)(4)	저、나
私が(7)	제가
私の(나의の縮約形)(2)	내
笑う	웃다
悪い	고약하다、궂다、나쁘다

割れる	갈라지다
我々(6)	우리
湾(4)	만

を

〜を(目的)(3)	를、을

⇨ 漢字語数詞と固有語数詞

　数詞には、日本語の「一、二、三…」に相当する漢字語数詞と、「ひとつ、ふたつ、みっつ…」に相当する固有語数詞があります。「一、二、三…」は漢字で書くから漢字語数詞、「ひとつ、ふたつ、みっつ…」は日本古来・韓国古来の言い方だから固有語数詞と呼ぶわけです。韓国語の漢字語数詞と固有語数詞は、下の表で確認して下さい。既にテキスト本文では、多くの数詞を学習済みです。

数	漢字語数詞	固有語数詞	数	漢字語数詞	固有語数詞
1	일(イル)	하나(ハナ)	20	이십(イシプ)	스물(スムル)
2	이(イー)	둘(トゥル)	30	삼십(サムシプ)	서른(ソルン)
3	삼(サム)	셋(セッ)	40	사십(サシプ)	마흔(マウン)
4	사(サー)	넷(ネッ)	50	오십(オシプ)	쉰(シン)
5	오(オー)	다섯(タソッ)	60	육십(ユクシプ)	예순(イェスン)
6	육(ユク)	여섯(ヨソッ)	70	칠십(チルシプ)	일흔(イルン)
7	칠(チル)	일곱(イルゴプ)	80	팔십(パルシプ)	여든(ヨドゥン)
8	팔(パル)	여덟(ヨドル)	90	구십(クシプ)	아흔(アウン)
9	구(ク)	아홉(アオプ)	100	백(ペク)	——
10	십(シプ)	열(ヨル)	1000	천(チョン)	——
11	십일(シビル)	열하나(ヨラナ)	10000	만(マン)	

　さて、漢字語数詞と固有語数詞の使い分けですが、漢字語数詞は、年・月・日や金額、学年、時間の何分などに使います。対して固有語数詞はモノを数える時と時間の何時などに使います。時間の言い方の例を示しましょう。

①六時三十分　→　여섯 시 삼십 분（ヨソッシ　サムシップン）
②二時五分　→　두 시 오 분（トゥシ　オーブン）

　六時と漢字の「六」を使うのに何故固有語数詞を使うのか疑問だと思います。けれど、日本でもかつては時間の表現は「暮れ六つ（現在の午後六時）」とか、「七つ（現在の四時）」等と固有語数詞を使っていました。時刻は、ひとつ、ふたつ…と数えるものだったのです。韓国語でも、同様の事情であったと思われます。

※固有語数詞に시（時）개（個）장（枚）等を付けて使う時、1〜4と20は連体形という別の形を使います。하나 → 한、둘 → 두、셋 → 세、넷 → 네、스물 → 스무。

ハングル子音早覚え表

子音	イメージ図	該当子音で始まる単語
ㄱ		감기 (カムギ) (風邪)
ㄴ		납득 (ナプトゥク) (納得)
ㄷ		독서 (トクソ) (読書)
ㄹ		러닝 (ロニン) (ランニング)
ㅁ		막 (マク) (幕)
ㅂ		배추 (ペ) (白菜)
ㅅ		수박 (スバク) (スイカ)

ハングル早見表

子音	イメージ図	該当子音で始まる単語
ㅇ		운전 (運転) ウンジョン
ㅈ		장관 (長官、大臣) チャンガン
ㅊ		충신 (忠臣) チュンシン
ㅋ		키 (身長) キ
ㅌ		토하다 (おう吐する) トハダ
ㅍ		피망 (ピーマン) ピマン
ㅎ		하모니카 (ハーモニカ) ハモニカ

ハングル早見表

母音＼子音	ㅏ	ㅐ	ㅑ	ㅒ	ㅓ	ㅔ	ㅕ	ㅖ	ㅗ	ㅘ
ㄱ	カ/ガ 가	ケ/ゲ 개	キャ/ギャ 갸	キェ/ギェ 걔	コ/ゴ 거	ケ/ゲ 게	キョ/ギョ 겨	ケ/ゲ 계	コ/ゴ 고	カ/ガ 과
ㄲ	ッカ 까	ッケ 깨	ッキャ 꺄	-	ッコ 꺼	ッケ 께	ッキョ 껴	ッケ 꼐	ッコ 꼬	ッカ 꽈
ㄴ	ナ 나	ネ 내	ニャ 냐	ニェ 냬	ノ 너	ネ 네	ニョ 녀	ネ 녜	ノ 노	ナ 놔
ㄷ	タ/ダ 다	テ/デ 대	テャ/デャ 댜	-	ト/ド 더	テ/デ 데	テョ/デョ 뎌	テ 뎨	ト/ド 도	タ/ダ 돠
ㄸ	ッタ 따	ッテ 때	-	-	ット 떠	ッテ 떼	ッテョ 뗘	-	ット 또	ッタ 똬
ㄹ	ラ 라	レ 래	リャ 랴	-	ロ 러	レ 레	リョ 려	リェ 례	ロ 로	ラ 롸
ㅁ	マ 마	メ 매	ミャ 먀	-	モ 머	メ 메	ミョ 며	メ 몌	モ 모	マ 뫄
ㅂ	パ/バ 바	ペ/ベ 배	ピャ 뱌	-	ポ/ボ 버	ペ/ベ 베	ピョ/ビョ 벼	ペ/ベ 볘	ポ/ボ 보	パ/バ 봐
ㅃ	ッパ 빠	ッペ 빼	ッピャ 뺘	-	ッポ 뻐	ッペ 뻬	ッピョ 뼈	-	ッポ 뽀	-
ㅅ	サ 사	セ 새	シャ 샤	-	ソ 서	セ 세	ショ 셔	セ 셰	ソ 소	サ 솨
ㅆ	ッサ 싸	ッセ 쌔	-	-	ッソ 써	ッセ 쎄	-	-	ッソ 쏘	ッサ 쏴
ㅇ	ア 아	エ 애	ヤ 야	イェ 얘	オ 어	エ 에	ヨ 여	イェ 예	オ 오	ワ 와
ㅈ	チャ/ジャ 자	チェ/ジェ 재	チャ/ジャ 쟈	チェ/ジェ 쟤	チョ 저	チェ 제	チョ/ジョ 져	-	チョ/ジョ 조	チャ 좌
ㅉ	ッチャ 짜	ッチェ 째	ッチャ 쨔	-	ッチョ 쩌	ッチェ 쩨	ッチョ 쪄	ッチェ 쪠	ッチョ 쪼	ッチャ 쫘
ㅊ	チャ 차	チェ 채	チャ 챠	-	チョ 처	チェ 체	チョ 쳐	チェ 쳬	チョ 초	チャ 촤
ㅋ	カ 카	ケ 캐	キャ 캬	-	コ 커	ケ 케	キョ 켜	ケ 켸	コ 코	カ 콰
ㅌ	タ 타	テ 태	テャ 탸	-	ト 터	テ 테	テョ 텨	テ 톄	ト 토	タ 톼
ㅍ	パ 파	ペ 패	ピャ 퍄	-	ポ 퍼	ペ 페	ピョ 펴	ペ 폐	ポ 포	パ 퐈
ㅎ	ア/ハ 하	エ/ヘ 해	ヤ/ヒャ 햐	-	オ/ホ 허	エ/ヘ 헤	ヨ/ヒョ 혀	エ/ヘ 혜	オ/ホ 호	ワ/ファ/ハ 화

ハングル早見表

ㅙ	ㅚ	ㅛ	ㅜ	ㅝ	ㅞ	ㅟ	ㅠ	ㅡ	ㅢ	ㅣ
クェ/ゲェ 괘	キ 괴	キョ/ギョ 교	ク/グ 구	クォ 궈	クェ 궤	クイ 귀	キュ 규	ク 그	キ 긔	キ/ギ 기
ックェ 꽤	ッグェ 꾀	ッキョ 꾜	ック 꾸	ッコ/ックォ 꿔	ックェ 꿰	ックイ 뀌	ッキュ 뀨	ック 끄	-	ッキ 끼
ヌェ 놰	ヌェ/ネ 뇌	ニョ 뇨	ヌ 누	ノ/ヌォ 눠	ヌェ 눼	ヌイ 뉘	ニュ 뉴	ヌ 느	ニ 늬	- 니
トェ/ドェ 돼	テ 되	テョ/デョ 됴	トゥ/ドゥ 두	ト 둬	トェ/ドェ 뒈	トゥイ 뒤	テュ/デュ 듀	トゥ 드	-	ティ 디
ッテェ 뙈	ッテ/ットゥェ 뙤	-	ットゥ 뚜	-	ットェ 뛔	ットゥイ 뛰	-	ットゥ 뜨	ッティ 띄	ッティ 띠
-	ル/ルェ 뢰	リョ 료	ル 루	ロ/ルォ 뤄	ルェ 뤠	ルイ 뤼	リュ 류	ル 르	-	リ 리
-	ミ/ムェ 뫼	ミョ 묘	ム 무	モ/ムォ 뭐	ムェ 뭬	ムイ 뮈	ミュ 뮤	ム 므	-	ミ 미
プェ/ブェ 뽸	ペ 뵈	ピョ/ビョ 뵤	プ/ブ 부	ポ 붜	プェ 붸	プイ 뷔	ピュ 뷰	プ/ブ 브	-	ピ/ビ 비
-	-	ッピョ 뾰	ップ 뿌	-	-	-	ッピュ 쀼	ップ 쁘	-	ッピ 삐
スェ 쇄	セ/スェ 쇠	ショ 쇼	ス 수	ソ/スォ 숴	スェ 쉐	スイ 쉬	シュ 슈	ス 스	-	シ 시
ッスェ 쐐	ッセ/スェ 쐬	ッショ 쑈	ッス 쑤	ッソ/ッスォ 쒀	ッスェ 쒜	ッスイ 쒸	-	ッス 쓰	-	ッシ 씨
ウェ 왜	ウェ 외	ヨ 요	ウ 우	オ/ウォ 워	ウェ 웨	ウイ 위	ユ 유	ウ 으	ウィ* 의	イ 이
チョェ 좨	チェ/ジェ 죄	チョ/ジョ 죠	チュ 주	チュオ 줘	チュェ 줴	チュイ 쥐	チュ/ジュ 쥬	チュ 즈	-	チ/ジ 지
ッチョェ 쫴	ッチェ 쬐	-	ッチュ 쭈	ッチョ 쭤	-	ッチュイ 쮀	ッチュイ 쮜	ッチュ 쯔	-	ッチ 찌
-	チェ 최	チョ 쵸	チュ 추	チョ/チュオ 춰	チュエ 췌	チュイ 취	チュ 츄	チュ 츠	-	チ 치
クェ 쾌	キ/クェ 쾨	キョ 쿄	ク 쿠	コ/クォ 쿼	クェ 퀘	クイ 퀴	キュ 큐	ク 크	-	キ 키
トェ 퇘	テ/トゥェ 퇴	テョ 툐	トゥ 투	ト 퉈	トェ 퉤	トゥイ 퉈	テュ 튜	トゥ 트	-	ティ 티
プェ 퐤	ペ/プェ 포	ピョ 표	プ 푸	ポ/フォ 풔	-	プイ 퓌	ピュ 퓨	プ 프	-	ピ 피
ウェ/フェ 홰	ウェ/フェ 회	ヨ/ヒョ 효	ウ/フ 후	オ/フォ 훠	ウェ/フェ 훼	ウイ/フィ 휘	ユ/ヒュ 휴	ウ/フ 흐	イヒ 희	イヒ 히

＊의は語頭以外ではイ、助詞「の」の場合はエと発音

韓国語昔話

「도깨비의 방망이」(トッケビの如意棒)

옛날 옛날에, 어느 마을에 두 형제가 살고 있었어요. 남동생은 착했어요. 그러나, 형은 욕심꾸러기였어요.

어느 날 남동생은 산에 나무를 하러 갔어요. 그리고 개암을 주웠어요.

"이거는 어머님께 가지고 가자"

남동생은 그렇게 말하고 좀 걸었어요. 그리고 또 개암을 하나 더 발견했어요.

"이거는 형님께 드리자"

또 한 개를 주웠어요. 남동생은 형수님께 드리자고 생각했어요. 그리고 남동생은 열심히 나무를 했어요. 그러나 밤이 되고 말았어요. 남동생은 길을 잃었어요. 산 속에서 오래된 집을 발견했어요.

"오늘 밤은 이 집에 묵어야겠구나"

그런데 갑자기 이상한 발자국 소리가 들려 왔어요.

"저 집에서 좀 쉬었다 가세"

그 소리의 주인공은 사람이 아니라 도깨비였어요. 남동생은 대들보 위로 올라가서 숨었어요. 겁이 나서 숨도 제대로 쉴 수 없었어요. 도깨비들은 방망이를 들고 바닥을 탕탕 치면서 놀았어요.

"금 나와라, 뚝딱! 은 나와라, 뚝딱! 술 나와라, 뚝딱!"

그러자 마루 위에는 금과 은과 술이 쏟아져 나왔어요. 남동생은 한동안 도깨비들의 신기한 놀이에 정신이 팔려 있었어요. 그런데 남동생은 배가 아주 고파 왔어요. 그래서 개암을 하나 꺼내서 이로 깨물었어요.

"딱!"

그 소리가 집 안에 울렸어요. 도깨비들은 깜짝 놀랐어요.

도깨비들은 방망이를 내버려 두고 아주 멀리 도망쳤어요. 남동생은 방망이를 가지고 집으로 돌아왔어요. 그리고 뭐든지 원하는 것을 방망이로 나오게 하여 큰 부자가 되었어요.

그러자 이 이야기를 들은 욕심꾸러기 형도 산 속의 오래된 집에 숨었어요. 밤이 되고 도깨비들이 찾아왔어요. 욕심꾸러기 형은 도깨비들이 놀기 전에 개암을 이로 깨물었어요.

"딱!"

그런데 도깨비들은 도망을 가기는커녕 집 안을 뒤지기 시작했어요.

"이전에 왔던 놈이 또 온 모양이로군!"

도깨비들은 형을 찾아냈어요. 그리고 방망이로 형을 마구 때렸어요. 형은 울면서 돌아왔어요.

注

착하다…善良だ
욕심꾸러기 … 欲張りな人
였어요 … 存在詞이다のヘヨ体過去形（예요の過去形）
나무를 하다 … 薪を取る
찾아내다 … 찾다（探す）＋내다（出す）で、探し出す、見つける
～고 말다 … ～（し）てしまう
오래되다 … 古い
발자국 소리 … 足音
들려 왔어요 … 들리다＋오다の過去形ヘヨ体。들리＋어 오＋았어요
　　　　　　　→들려 왔어요
아니라 … ～ではなくて
대들보 …（家の柱に渡した）大梁
정신이 팔리다 … 정신（精神）을 팔리다（奪われる）＝気を取られる
놀이 … 遊び、遊興
고파 오다 …（腹が）減ってくる。（고프＋아 오＋았어요）
뭐든지 … 何でも
들은 … 듣다（聞く）の過去連体形。動詞듣다は、ㄷ変則活用動詞。
도망을 가기는커녕 … 逃げていくどころか
놈 … 野郎、やつ
모양이로군 … 모양（模様）＋이로군（感嘆の意）で、～ようだな

訳

　昔、大昔、ある村に２人の兄弟が暮らしていました。弟は善良でした。けれど、兄は欲張りでした。ある日、弟は山へ薪を取りに行きました。そして、ハシバミの実を拾いました。「これはお母さまに、持って帰ろう」。弟はそう言って、しばらく歩きました。すると、再度ハシバミの実をもうひとつ見つけました。「これは、兄さんにあげよう」。また、一個拾いました。弟は兄嫁さんにあげようと思いました。そして、弟は一生懸命薪を取りました。ところが、夜になってしまいました。弟は道に迷いました。山の中

で古い家を見つけました。「今夜は、この家に泊まらなくっちゃ」。ところが、突然、奇妙な足音が聞こえて来ました。「あの家で少し休んで行こう」。その声の主は人間ではなく、トッケビでした。弟は、大梁(おおばり)の上に登って、隠れました。怖くて、息も満足にできませんでした。トッケビたちは、如意棒を持って、床をトントンと打ちながら、遊びました。「金、出てこい、トントン。銀、出てこい、トントン。酒、出てこい、トントン」。たちまち床の上には、金と銀とお酒があふれ出てきました。しばらく弟はトッケビたちの不思議な遊びに気を取られていました。ところが、弟はとても腹が減ってきました。それで、ハシバミの実を一つ取り出して、歯で噛みました。「パチン！」。その音が家の中に響きました。トッケビたちはびっくりしました。「大変だ。山の神様が怒っているようだ。ああ、恐ろしや」。トッケビたちは、如意棒をほったらかして遥か遠くへ逃げました。弟は如意棒を持って、家に帰ってきました。そして、欲しい物は何でも如意棒で出して、大金持ちになりました。すると、この話を聞いた欲張りな兄も山の中の古い家に隠れました。夜になって、トッケビたちがやってきました。欲張りな兄は、トッケビたちが遊び騒ぐ前にハシバミの実を噛みました。「パチン！」。ところが、トッケビたちは逃げていくどころか、家の中を探し始めました。「前に来た野郎が、また来ているようだな」。トッケビたちは兄を見つけ出しました。そして、如意棒で兄をひどく叩きました。兄は泣きながら帰ってきました。

■著者紹介

上坂 むねかず（こうさか　むねかず）

1960年滋賀県生まれ。三重大学卒業、放送大学大学院修了。児童文学作家、研究者。
著書に『パンツ・パンツ・パンツ』2001年小峰書店、『創作のための児童文学理論』2004年サンライズ出版など。

李 姃炫（イ ジョンヒョン）

韓国生まれ。2008年、大阪大学大学院言語文化学博士号取得。韓日の児童文学研究者。
2011年〜甲南女子大学非常勤講師（韓国語、韓国事情）、2014年〜関西外国語大学非常勤講師（韓国語）

CDの内容　◎ 時間…78分16秒
　　　　　◎ ナレーション…上坂むねかず／李 姃炫／李 忠均／李 考眞

CD BOOK ちょあよ！スーパーかんたん韓国語（かんこくご）

2015年2月25日	初版発行

著者	上坂 むねかず（こうさか）／李 姃炫（イ ジョンヒョン）
カバーデザイン	田栗 克己
DTP	WAVE 清水 康広

© Munekazu Kousaka, Jung-Hyun Yi 2015. Printed in Japan

発行者	内田 真介
発行・発売	ベレ出版
	〒162-0832　東京都新宿区岩戸町12 レベッカビル TEL.03-5225-4790　FAX.03-5225-4795 ホームページ　http://www.beret.co.jp/ 振替 00180-7-104058
印刷	モリモト印刷株式会社
製本	根本製本株式会社

落丁本・乱丁本は小社編集部あてにお送りください。送料小社負担にてお取り替えします。

本書の無断複写は著作権法上での例外を除き禁じられています。
購入者以外の第三者による本書のいかなる電子複製も一切認められておりません。

ISBN978-4-86064-426-0 C2087　　　　　　　　　　編集担当　綿引ゆか

한국어 주사위 노리(韓国語双六)

출발(出発)
① 안녕하세요 アンニョン ハセヨ
② 이것은 뭐예요? イゴスン モイェヨ
③ 자리가 없어요. チャリガ オプソヨ
⑯ 제가 들겠어요. チェガ トゥル ケッソヨ
⑰ 도서상품권으로 잡지를 사요. トソサンプムコヌロ チャプチルル サヨ
⑱ 사람들이 많을 지도 몰라요. サラムドゥリ マヌル チド モルラヨ
⑲ 빨리 와 주세요. パリ ワ ジュ セヨ
⑳ 겨울이 되면 추워요. キョウリデ ミョンチュ オヨ
㉑ 약속을 지켜야 해요. ヤクソグル チキョヤ ヘヨ
㉒ 역에서 만나고 싶어요. ヨゲソ マンナゴ シポヨ
㉓ 카드를 쓸 수 있어요. カドゥルル スル ス イッ ソヨ
㉜ 일본에서 친구가 온답니다. イルボネソ チングガオンダ ムニダ
㉝ 거리에 활기가 있는데다 전통이 있어요. コリエハル ギガ インヌン デダ チョントンイ イッソヨ
㉞ 버스를 타고 가세요? ポスルタゴ ガセヨ
㉟ 앨범을 만들을 계획이에요. エルボムル マンドゥルケ フェギエヨ
㊱ 의자에 앉아 보세요. ウィジャエ アンジャボセヨ
토요일
㊲ 사장님께서 결정하셨어요. サジャンニム ケソキョルチョン ハショッソヨ
㊳ 새우 필 라프를 먹자. セウ ピルラプル モクチャ
㊴ 복습하기로 해요. ポクスパロギ ヘヨ
마침 (あがり)